JN050201

目標時間 20分

合格 100点 80点 0点

●復習のめやす
5年生の学力チェックテストなどで、しっかり復習しよう！

得点 100点

© くもん出版

1 次の漢字の部首を□に、漢字の音の読みがなを（　）に書きましょう。（一つ2点）

(1) 河　部首[　]・音の読みがな（　　　）

(2) 粉　部首[　]・音の読みがな（　　　）

(3) 製　部首[　]・音の読みがな（　　　）

(4) 飼　部首[　]・音の読みがな（　　　）

(5) 導　部首[　]・音の読みがな（　　　）

(6) 版　部首[　]・音の読みがな（　　　）

2 漢和辞典に出てくる順（画数の少ない順）に、番号をつけましょう。
（全部できて一つ5点）

(1)
（　）息
（　）悲
（　）志
（　）愛
（　）念

(2)
（　）談
（　）試
（　）講
（　）証
（　）説

(3)
（　）隊
（　）限
（　）防
（　）際
（　）険

3 次のことばの組み立てを下の□から選んで、記号を書きましょう。
（一つ2点）

(1) 油絵（　）

(2) 校舎（　）

(3) 厚紙（　）

(4) 窓ガラス（　）

(5) 段ボール（　）

(6) 応答（　）

(7) 坂道（　）

(8) 輪ゴム（　）

⑦ 和語と和語
⑦ 和語と漢語
⑦ 漢語と漢語
⑦ 和語と外来語
⑦ 漢語と外来語

６ 送りがなのつけ方が正しくないものに――線を引き、右側に正しく書き直しましょう。(一つ2点)

(1) 田中さんと いう人が、家に招かれて来た。

(2) ぼくは、学校の前のところを数多くへと走った。

(3) 友達は、私の話を確めるように聞いた。

(4) お茶を入れる前に、ポットに少すお湯のようにふりかけて、わんを温める。

５ ――線のことばを、後の□□□から選んで、敬語に書きましょう。(一つ5点)

(1) 父のことは、お礼を言った。（　　　　　）

(2) お客様は、おかしについて食べた。（　　　　　）

(3) 先生に大切なお話を聞いた。（　　　　　）

> うかがった・めしあがった・
> おっしゃった・もうし上げた

４ だから・しかし・それで・つまり のうち、合うことばを使って、二つの文に作りかえましょう。(一つ7点)

(1) 宿題が早く終わったから、外へ遊びに出かけた。

〔　　　　　　　　　　　　　　　　　　　　　〕

(2) 父をむかえに駅に行ったが、人が多くて見つけられなかった。

〔　　　　　　　　　　　　　　　　　　　　　〕

2

五年生の復習 (2) 「宮沢賢治」

目標時間 30分

●復習のめやす
5年生の学力チェックテストなど
しっかり復習しよう！

合格 80点
100点 0点

得点

100点

©くもん出版

★ 次の文章を読んで、下の問題に答えましょう。

賢治は、植物や石ころを集めるのが大好きな少年であった。盛岡中学校へ通うようになると、独りで岩手山へ登り、植物や鉱石を採集しながら、自然のきびしさと豊かさを学んだ。

中学を卒業しても、賢治には自然のみりょくがわすれられなかった。このまま家について、父の仕事を手伝おうという気持ちが起きてこないのだ。そのころ、感動してまた読んだ宗教の本に深くまた読んだ賢治は、店のあとをつぐより、いつか世の中のためになる仕事がしたいと考えるようになった。

一九一五年(大正四年)、賢治は、盛岡高等農林学校へ進学することを父から許された。中学時代に続き、野山をめぐり、地科学調査と実験に打ちこんだ。賢治やまた、土の科学調査と実験に打ちこんだ。

(1) 賢治は、岩手山に登り、どんなことを学びましたか。( )に合うことばを書きましょう。
(一つ10点)

　植物や（①　　　）を
②（　　　）採集しながら、自然の

豊かさを学んだ。

3

(2) 「いつか世の中のためになる仕事がしたい」と考えたのはなぜですか。 (15点)

〔　　　　　　　　　　〕

(3) 賢治は、盛岡高等農林学校へ進学したあと、どんなことに打ちこみましたか。 (15点)

〔　　　　　　　　　　〕

賢治はそれを詩に書いた。

だれも人間も動物もなかよに、仲良く自由に見てまわることのできる理想の世界が、現実にできない。

見ることのできた童話の中で、詩に書くことのできる現実にできなかった世界へ。

だれも、その気持ちにうったえだすことができますが、それは美しいものです。そして広がっていく美しい空想となっているのは、（　　）。

（1）賢治は、どんな文章に書くことができましたか。（　　）

（2）命のないものにも、美しい空想を持つこと。（　　）

それは美しいものでも、美しい空想となっている。（　　）

やがて、石や土の不思議な仕事をしらべた。賢治は単調な仕事のようすをながめながら、すべてをかけた賢治は、鏡で調べた石のかけらから帰った石のかけらやと学校に、実験室にと、土にはにじいろも賢治は実験室にと、

（4） 賢治で「石」を調べたのから、土をしらべたびに鏡

賢治は何をしたことから、土をしらべたびに鏡をした仕事にあきた

（15点）

（5） な賢治が「童話」を書いたのは、ア・イ・ウから選んだものは○を。（15点）

（　）ア　単調な仕事にあきて、べつの仕事をしてみたかったから。

（　）イ　あまり仕事が続かなかったから。

（　）ウ　自分から童話では自由にできるから現実に、実現するための理想の社会を

（6） これは、賢治の考えるような理想的な世界とはどういう考え方ら

れは、賢治の考えるような理想的な世界と考えと

（20点）

4

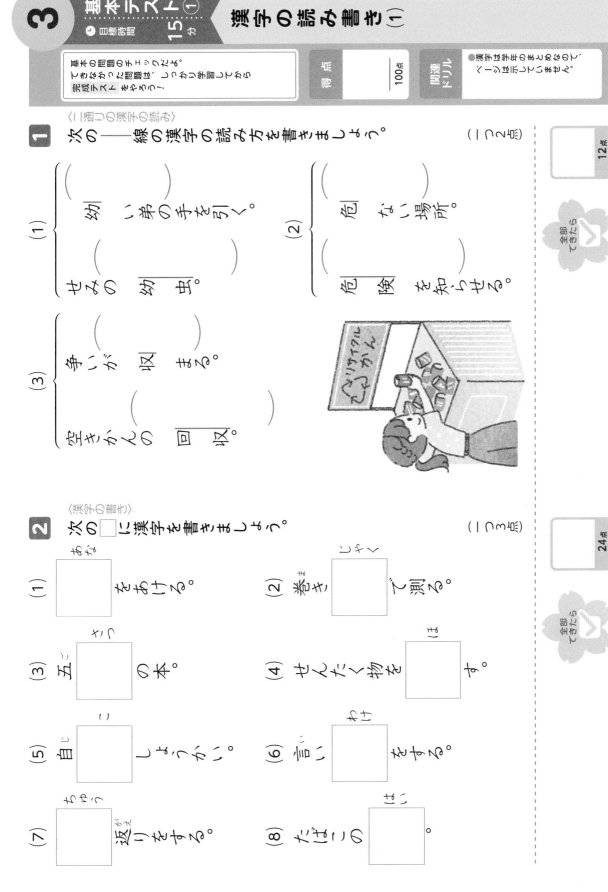

基本の問題のチェックだよ。
できなかった問題はしっかり学習してから
完成テストをやろう！

得点　　　/100点

関連ドリル　●漢字は学年のまとめなので、ページは示していません。

©くもん出版

〈二通りの漢字の読み〉

1 次の――線の漢字の読み方を書きましょう。　　(一つ2点)

12点

(1)
（　　　　）
幼い弟の手を引く。

（　　　　）
せみの幼虫。

(2)
（　　　　）
危ない場所。

（　　　　）
危険を知らせる。

(3)
（　　　　）
争いが収まる。

（　　　　）
空きかんの回収。

〈漢字の書き〉

2 次の□に漢字を書きましょう。　　(一つ3点)

24点

(1) あな□をあける。

(2) 巻き□じゃくで測る。

(3) 五□さつの本。

(4) せんたく物を□ほす。

(5) 自□こしょうかい。

(6) 言□わけをする。

(7) □ちゅう返りをする。

(8) だばいの□はこ。

5

4 〈熟語の書き〉
次の□に漢字を書きましょう。 (1つ4点) ［48点］

(1) ［□□］がわかる。 （み・かた）

(2) 事故の［□□］者。 （ふ・しょう）

(3) 今月の［□□］。 （よ・てい）

(4) 雑誌の［□□］。 （へん・しゅう）

(5) ［□□］所在地。 （けん・ちょう）

(6) 服の［□□］。 （すん・ぽう）

(7) ［□□］な山道。 （き・けん）

(8) 英語の［□□］。 （ほん・やく）

(9) ［□□］が広まる。 （ち・しき）

(10) ［□□］の□り。 （み・まわ）

(11) 医は［□□］。 （じん・じゅつ）

(12) ［□□］の写真。 （き・せん）

全部できたら ◎

---

3 〈送りがなのある漢字〉
──線の送りがなに気をつけて、□に漢字を書きましょう。 (1つ4点) ［16点］

(1) 成功を［□］める。 （おさ）

(2) ［□］ない道をさける。 （あぶ）

(3) ［□］じいろの写真。 （おな）

(4) カメラを［□］れる。 （わす）

全部できたら ◎

基本の問題のチェックだよ。
できなかった問題は、しっかり学習してから
完成テストをやろう！

得点 ／100点

関連ドリル ●漢字

© くもん出版

〈何通りかの漢字の読み〉

1 次の——線の漢字の読み方を書きましょう。 (1つ3点)

21点

全部できたら ✓

(1)
（　）
息を 吸 う。
（　）
酸素を 吸 入 する。

(2)
（　）
困 ってなやむ。
（　）
困 難な作業。

(3)
（　）
大事に 至 らない。
（　）
至 急 家に帰る。
（　）
冬 至 をむかえる。

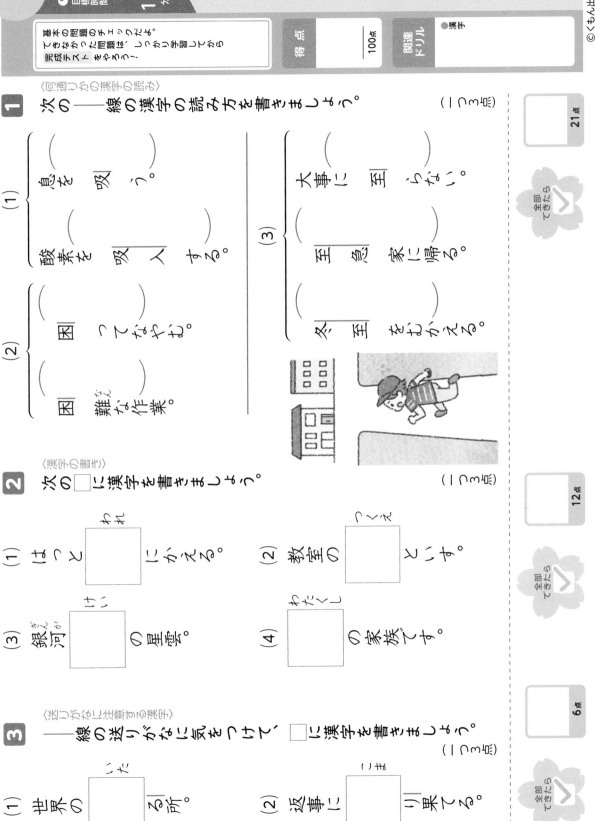

〈漢字の書き〉

2 次の□に漢字を書きましょう。 (1つ3点)

12点

全部できたら ✓

(1) はっと ［われ］ にかえる。

(2) 教室の ［うしろ］ にです。

(3) 銀河 ［けい］ の星雲。

(4) ［わたくし］ の家族です。

〈送りがなに注意する漢字〉

3 ——線の送りがなに気をつけて、□に漢字を書きましょう。
(1つ3点)

6点

全部できたら ✓

(1) 世界の ［いた］所。

(2) 返事に ［こま］ってる。

7

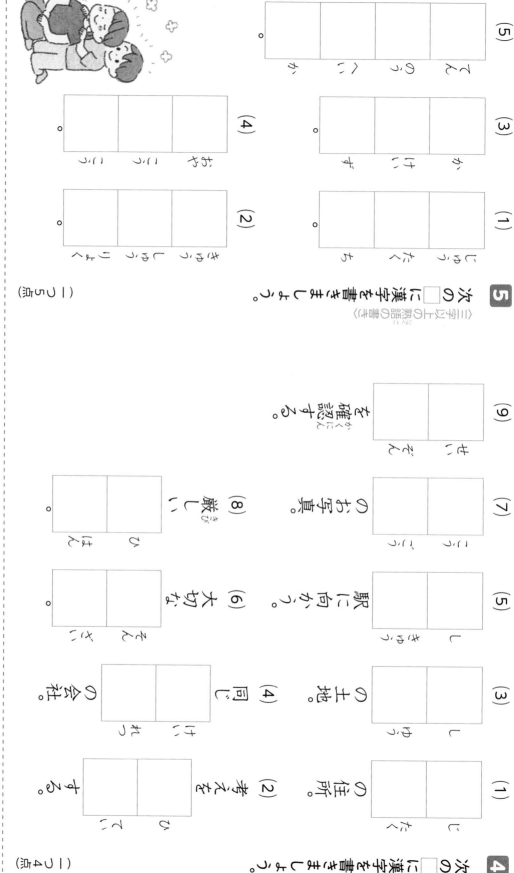

5 次の□に漢字を書きましょう。
〈三字以上の熟語の書き〉

25点 全部できたら ◎

（一つ5点）

(1) じたいち

(2) きゅうしゃじょう

(3) かばす

(4) おかこうこう

(5) てんのうへいか

4 次の□に漢字を書きましょう。
〈熟語の書き〉

36点 全部できたら ◎

（一つ4点）

(1) じたく の住所。

(2) かんがえ を ひてい する。

(3) しゆう の土地。

(4) 同じ けいれつ の会社。

(5) きしゅつ し 駅に向かう。

(6) 大切な そんざい

(7) じこ のお写真。

(8) 厳しい ひはん

(9) せいぞう を確かに認する。

©くもん出版

合格 100点 80点 0点

得点 ／100点

関連ドリル ●漢字

● 復習のめやす
基本テスト・関連ドリルなどで
くりかえし復習しよう！

1 ——線のことばを漢字と送りがなで書きましょう。 (一つ5点)

(1) 道が分からなくて__こまる__。

(2) __あぶない__場所に入らない。

(3) __おさない__妹が泣く。

(4) さいふを__わすれる__。

(5) 駅に__いたる__道。

2 次の読み方をする漢字を□に書きましょう。 (一つ3点)

(1) ヤク……文を要□する。ほん□した本。

(2) カン……月□誌を読む。海の□潮。

(3) ケイ……円の直□。□験を生かす。太陽□の星。

(4) おさ(める)……国を□める。勝利を□める。

4 形に気をつけて、□に漢字を書きましょう。 (1つ2点)

(5)
□う□ちゅう飛行士。
□じゅう数が伝わる。

(3)
□はい色の空。
□たん火で焼く。すみ

(1)
□じ□てん辞書を使う。
□こ□てん辞□てんを使う。

(6)
□てん天皇□い□の下のお話。
□じょう上の動物

(4)
□ちょう園の先生。
□けっ□か実験の成□か。せい

(2)
□けん県□ちょう庁の建物。
□じゅん順□じょ□よく並ぶ。

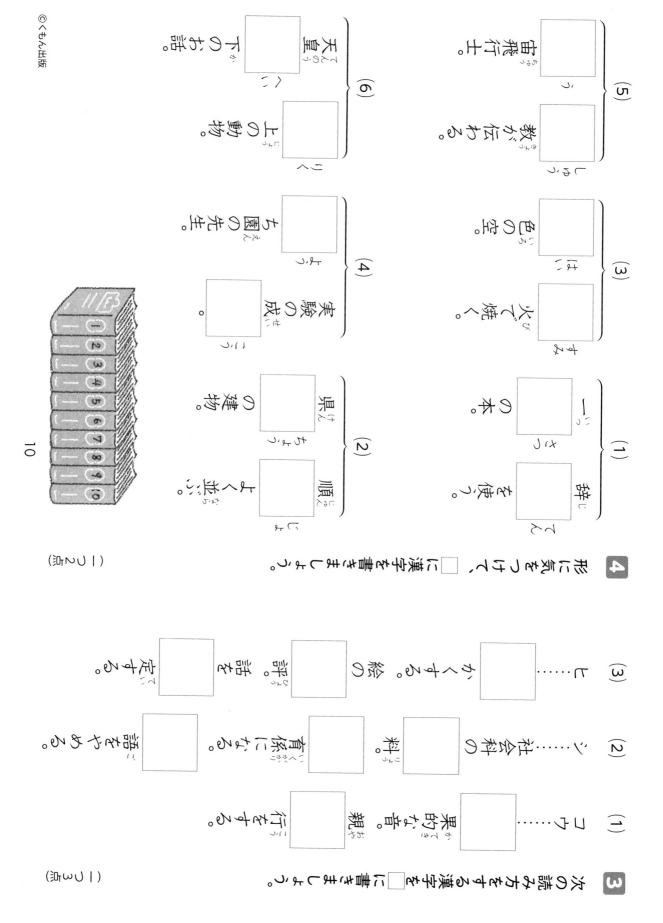

10

3 次の読み方をする漢字を□に書きましょう。 (1つ3点)

(1) コウ……
□こう果的な□おや親孝行をする。

(2) シ……
□し社会科の□し資料。育□じ児係になる。

(3) シ……
□し絵の□し評語を□し定する。□し辞語をかける。

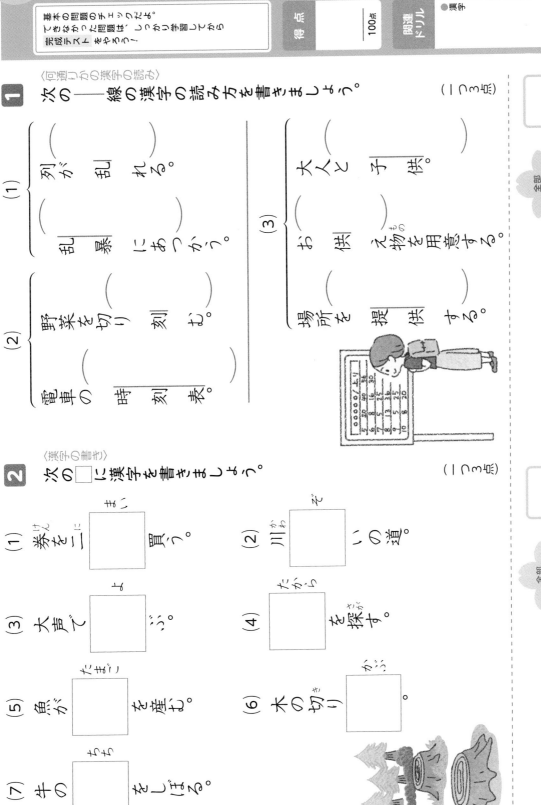

基本の問題のチェックだよ。できなかった問題はしっかり学習してから完成テストをやろう！

得点　　　/100点

関連ドリル　●漢字

11

1 〈何通りかの漢字の読み〉
次の——線の漢字の読み方を書きましょう。 (一つ3点)　21点

全部できたら

(1)
　列が乱れる。（　）
　乱暴にあつかう。（　）

(2)
　野菜を切り刻む。（　）
　電車の時刻表。（　）

(3)
　大人と子供。（　）
　お供え物を用意する。（　）
　場所を提供する。（　）

2 〈漢字の書き〉
次の□に漢字を書きましょう。 (一つ3点)　21点

全部できたら

(1) 券を二□に買う。　(けん／まい)

(2) 川□いの道。　(かわ／ぞ)

(3) 大声で□ぶ。　(よ)

(4) □を探す。　(たから)

(5) 魚が□を産む。　(たまご)

(6) 木の切り□。　(かぶ)

(7) 牛の□をしぼる。　(ちち)

4 〈漢字の書き〉

次の□の中に漢字を書きましょう。

40点　（1つ4点）

（1）　□□を飲む。
　　　（ぎゅう・にゅう）

（2）　図を□□する。
　　　（か・だい）

（3）　□□を□く。
　　　（ちゅ・い）

（4）　鉄道の□□。
　　　（えき・いん）

（5）　□□な線。
　　　（ちょ・く）

（6）　試合を□□する。
　　　（えん・ちょう）

（7）　□□する。
　　　（きゅう・い）

（8）　神社に□□する。
　　　（さん・ぱい）

（9）　□□の先生。
　　　（たん・にん）

（10）　会が開□□。
　　　（だ・じょ）

---

3 〈知っている漢字を使う練習〉

──線の送りがなに気をつけて、□に漢字を書きましょう。

18点　（1つ3点）

（1）　机を□べる。
　　　（なら）

（2）　□かれ道に人が多い。
　　　（わ・か）

（3）　墓に花を□える。
　　　（そな）

（4）　服装が□れる。
　　　（みだ）

（5）　はがきが□く。
　　　（とど）

（6）　細かく□む。
　　　（きざ）

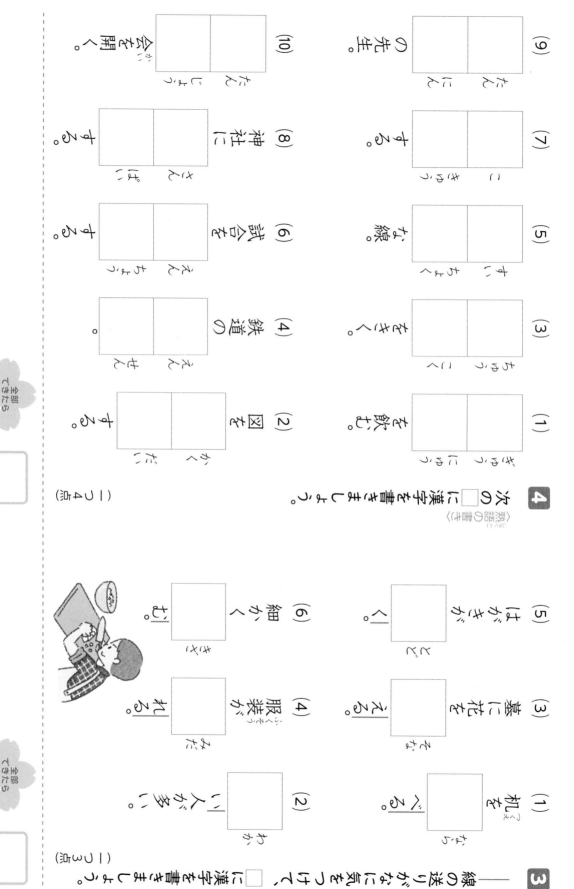

基本の問題のチェックだよ。
できなかった問題はしっかり学習してから
完成テストをやろう！

得点 /100点

関連ドリル ●漢字

〈一通りの漢字の読み〉

1 次の――線の漢字の読み方を書きましょう。 （一つ3点）

24点

全部できたら ✓

(1)
公園の 砂場（ 　 ）。
砂糖（ 　 ）を加える。

(2)
水で 洗（ 　 ）い落とす。
洗（ 　 ）たく機を使う。

(3)
鏡に 映（ 　 ）った顔。
テレビの 映像（ 　 ）。

(4)
後ろ 姿（ 　 ）が見える。
姿勢（ 　 ）を正す。

〈漢字の書き〉

2 次の□に漢字を書きましょう。 （一つ4点）

20点

全部できたら ✓

(1) □（ごみ）がわく。

(2) 包帯を□（ま）く。

(3) 母の口□（べに）。

(4) □（おん）返し。

(5) 海岸の白い□（すな）。

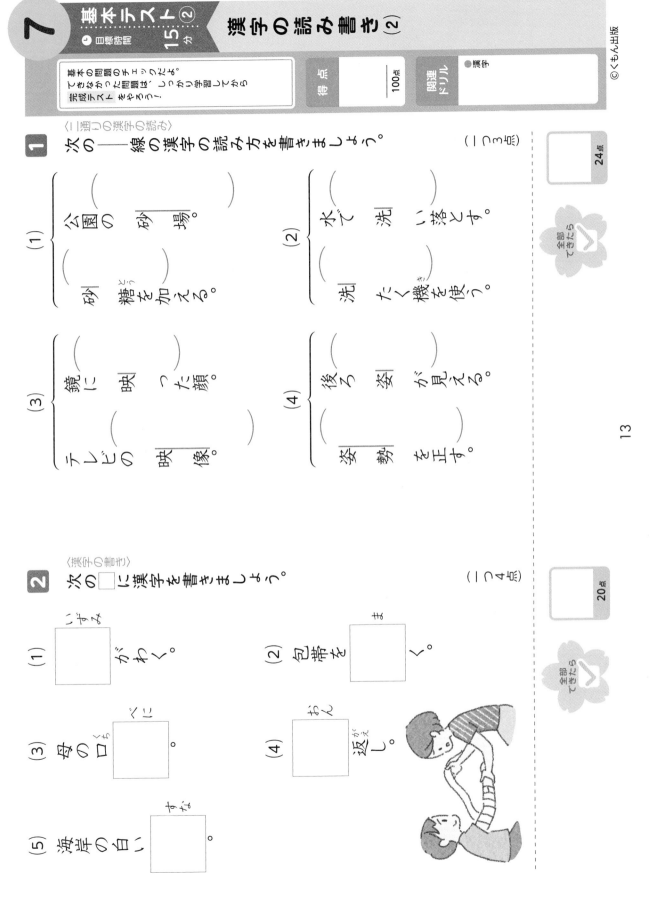

13

4 〈熟語の書き〉次の□に漢字を書きましょう。
（一つ4点）　44点　全部できたら🌸

(1) □□を飲む。（こう・ちゃ）

(2) 制度の□□（かい・かく）

(3) 寒い□□。（ち・ほう）

(4) 医学の□□（せん・もん）

(5) □□に入る。（おん・せん）

(6) テレビの□□（せん・でん）

(7) □□で遊ぶ。（なか・ま）

(8) 商店街の□□（かん・ばん）

(9) □□を正す。（し・せい）

(10) 楽しい□□。（え・がお）

(11) ピアノの□□。（えん・そう）

3 〈送りがなに注意する漢字〉――線の送りがなに気をつけて、□に漢字を書きましょう。
（一つ4点）　12点　全部できたら🌸

(1) 糸を□る。（そ）

(2) 茶わんを□う。（あら）

(3) 鏡に□る。（うつ）

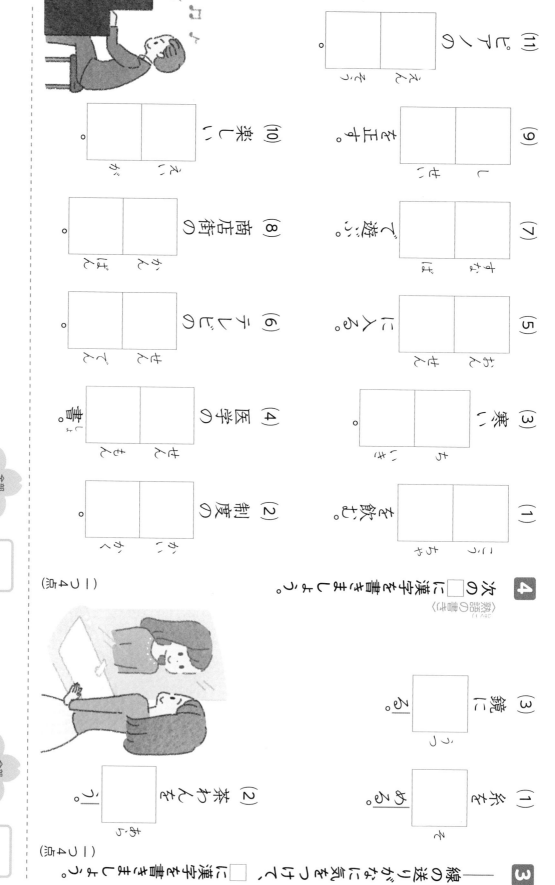

14

完成テスト

⏱目標時間 15 分

合格 ●復習のめやす

基本テスト・関連ドリルなどでしっかり復習しよう!

100点 ── 80点 ── 0点

得点 | 100点

関連ドリル ●漢字

1 ──線のことばを漢字と送りがなで書きましょう。 (一つ4点)

(1) カードをならべる。

(   )

(2) 木の枝のわかい芽。

(   )

(3) きれいな花をそなえる。

(   )

(4) かみの毛がみだれる。

(   )

(5) 荷物をとどける。

(   )

(6) 布を赤くそめる。

(   )

(7) 深く心にきざむ。

(   )

(8) 水に姿がうつる。

(   )

2 次の読み方をする漢字を□に書きましょう。 (一つ2点)

(1) コ……事□を防ぐ。 性□をのばす。 深□吸をする。

(2) カク……明るい性□。 大□した地図。

(3) カン……本の上□。 店の□板。

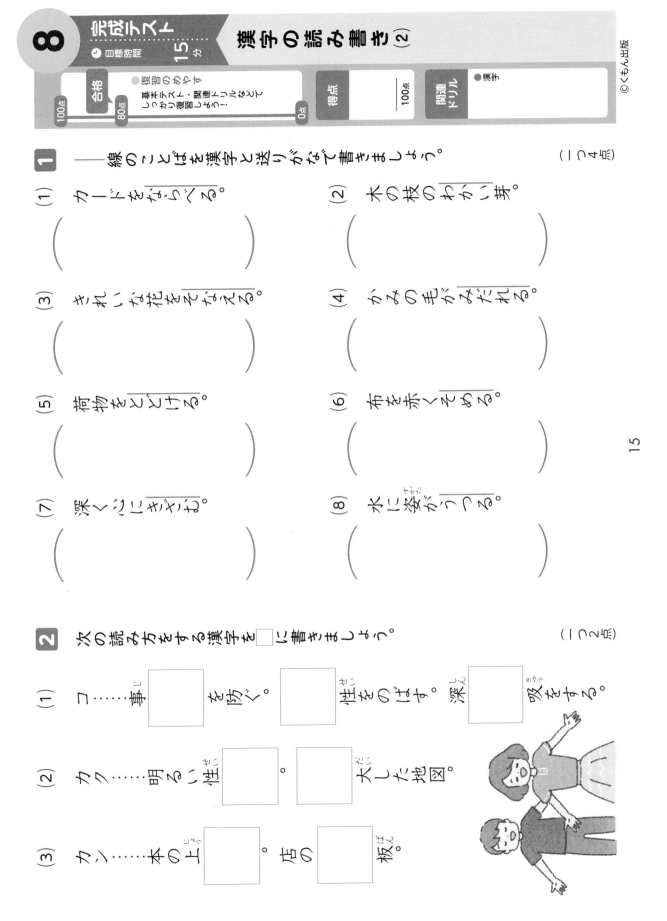

15

4 形に気をつけて、□に漢字を書きましょう。（1つ3点）

(5)
五□（まい）の用紙。
大切な□（かぶ）。

(3)
組織の改□（かく）。
□（やく）そくを守る。

(1)
まっ□（す）ぐな直線。
ジュースの□（へん）じ。

(6)
古い□（じ）しょ。
下□（まち）。

(4)
映画の入□（じょう）けん。
生き物を□（ひろ）げる。

(2)
美しい演□（そう）。
酸□（す）を吸う。

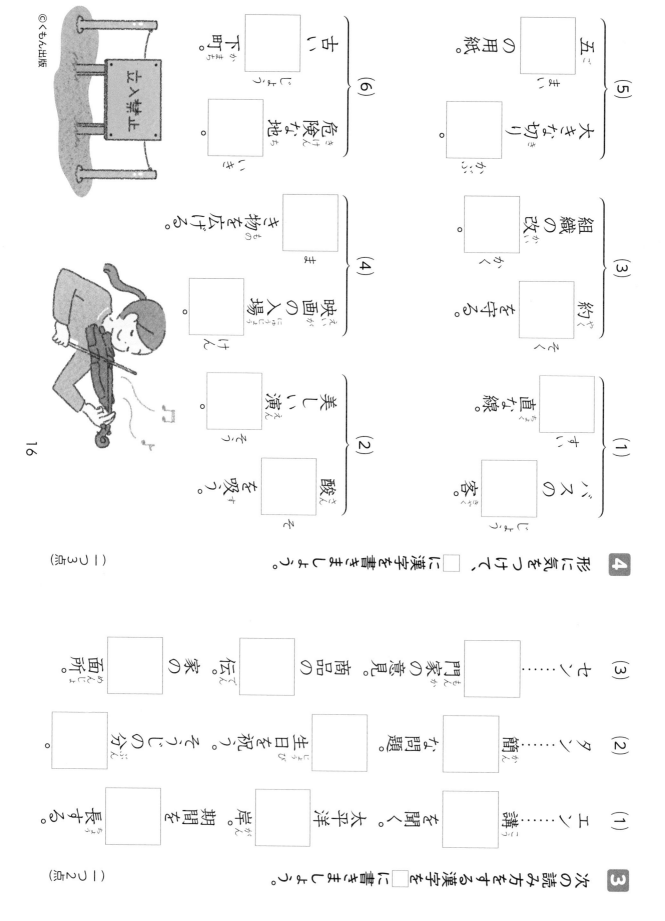

16

---

3 次の読み方をする漢字を□に書きましょう。（1つ2点）

(3) セン……
□（もん）家の意見。
商品の□。
□面所。

(2) タン……
□な問題。
□生日を祝う。
太平洋の□。

(1) エン……
□を開く。
□講（こう）を伝える。
□岸（きし）。
期間を□長する。

基本の問題のチェックだよ。できなかった問題はしっかり学習してから完成テストをやろう！

得点 ／100点

関連ドリル ●漢字

©くもん出版

〈一通りの漢字の読み〉

1 次の——線の漢字の読み方を書きましょう。 (一つ3点)

30点

全部できたら ✓

(1)
（　　　）
背中 を 丸める。
（　　　）
事件の 背景。

(2)
（　　　）
雪 が 降 る。
（　　　）
六月の 降水量。

(3)
（　　　）
腹 を 立てる。
（　　　）
空腹 にたえる。

(4)
（　　　）
的 を 射る。
（　　　）
光 が 反射 する。

(5)
（　　　）
縦書 きの文章。
（　　　）
大陸を 縦断 する。

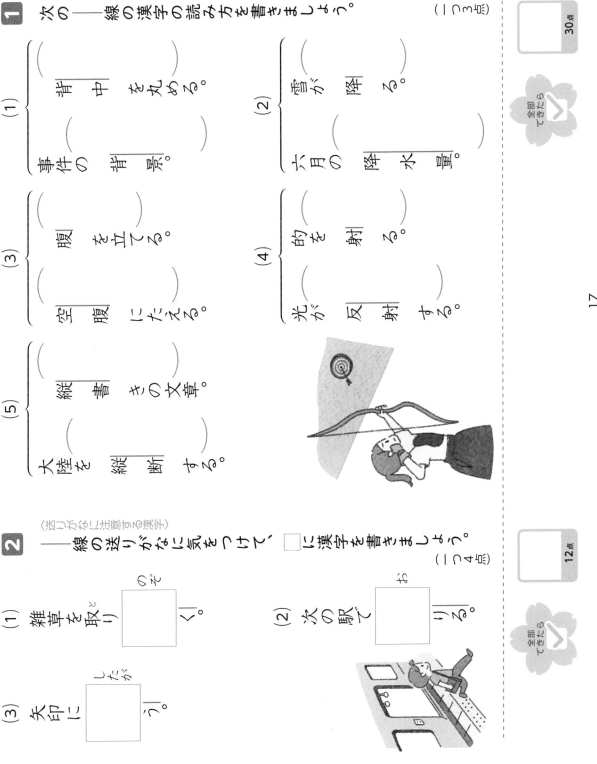

〈送りがなに注意する漢字〉

2 ——線の送りがなに気をつけて、□に漢字を書きましょう。 (一つ4点)

12点

全部できたら ✓

(1) 雑草を 取り [のぞ]く。

(2) 次の駅で [お]りる。

(3) 矢印に [したが]う。

© くもん出版

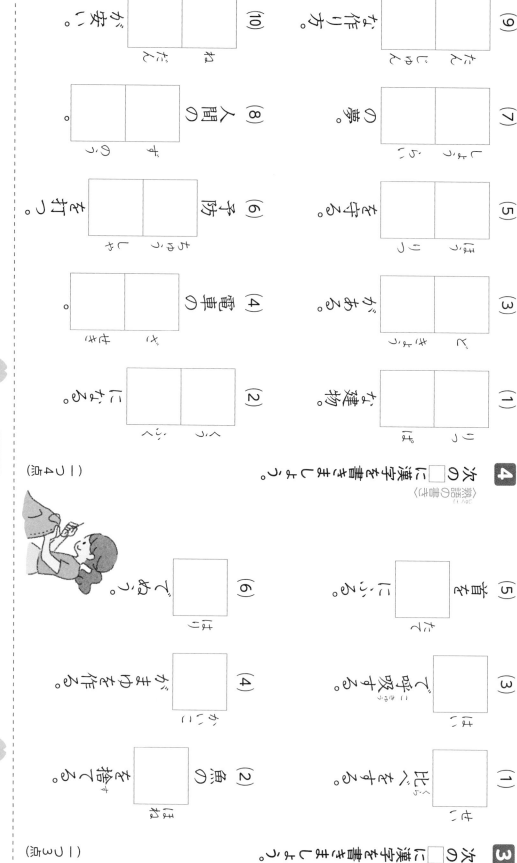

4 次の□に漢字を書きましょう。
〈熟語の書き〉　　　　（1つ4点）　40点

全部できたら◎

(1) り□□な建物

(2) □□になる。

(3) □□がある

(4) 電車の□□。

(5) □□を守る

(6) 予防□□を打つ。

(7) □□の夢。

(8) 人間の□□。

(9) た□□な作り方。

(10) □□が安い。

3 次の□に漢字を書きましょう。
〈漢字の書き〉　　　　（1つ3点）　18点

全部できたら◎

(1) □を比べる。

(2) 魚の□。

(3) □で呼吸する。

(4) □がゆを作る。

(5) 首を□てる。

(6) □をぬく。

©くもん出版

基本の問題のチェックだよ。
できなかった問題はしっかり学習してから
完成テストをやろう！

得点 　　／100点

関連ドリル ●漢字

〈二通りの漢字の読み〉

1 次の――線の漢字の読み方を書きましょう。 （一つ3点）

24点

全部できたら

(1)
食事が 済（　）む。
国の 経済（　）。

(2)
紙くずを 捨（　）てる。
四捨（　）五入する。

(3)
店に品物を 納（　）める。
納税（　）する。

(4)
種類が 異（　）なる。
異変（　）を感じる。

〈漢字の書き〉

2 次の□に漢字を書きましょう。 （一つ2点）

8点

全部できたら

(1) 山　も　りのご飯。

(2)　はん　に分かれる。

(3) 用を　す　ませる。

(4)　こと　なった形。

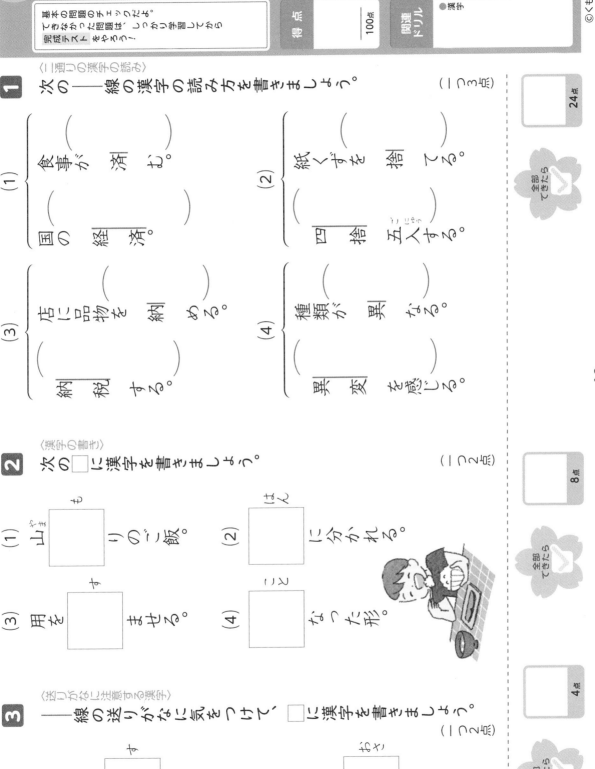

〈送りがなに注意する漢字〉

3 ――線の送りがなに気をつけて、□に漢字を書きましょう。 （一つ2点）

4点

全部できたら

(1) ごみ箱に　す　てる。

(2) 税金を　おさ　める。

19

5 次の□に漢字を書きましょう。
〈三字以上の熟語の書き〉

(1つ4点)　24点　全部できたら🌸

(1) □□□（ふ・べん・り）

(2) □□□□（き・そく・ただ・しい）

(3) □□□（てん・じ・か）

(4) □□□□（せい・と・りょう・り）

(5) □□□（の・うん・どう）

(6) □□□□（し・けつ・び・じゅう）

---

4 次の□に漢字を書きましょう。
〈熟語の書き〉

(1つ4点)　40点　全部できたら🌸

(1) □□を選ぶ。（はん・だん）

(2) □□をよむ。（は・く）

(3) □□が合う。（し・せん）

(4) 日本の□□。（けい・ざい）

(5) 宇宙の□□。（しん・び）

(6) 結果を□□する。（す・い・へん）

(7) □□な性格。（めい・ろう）

(8) □□な書物。（に・じょう）

(9) 内閣の□□。（せ・い）

(10) 内容を□□する。（けん・とう）

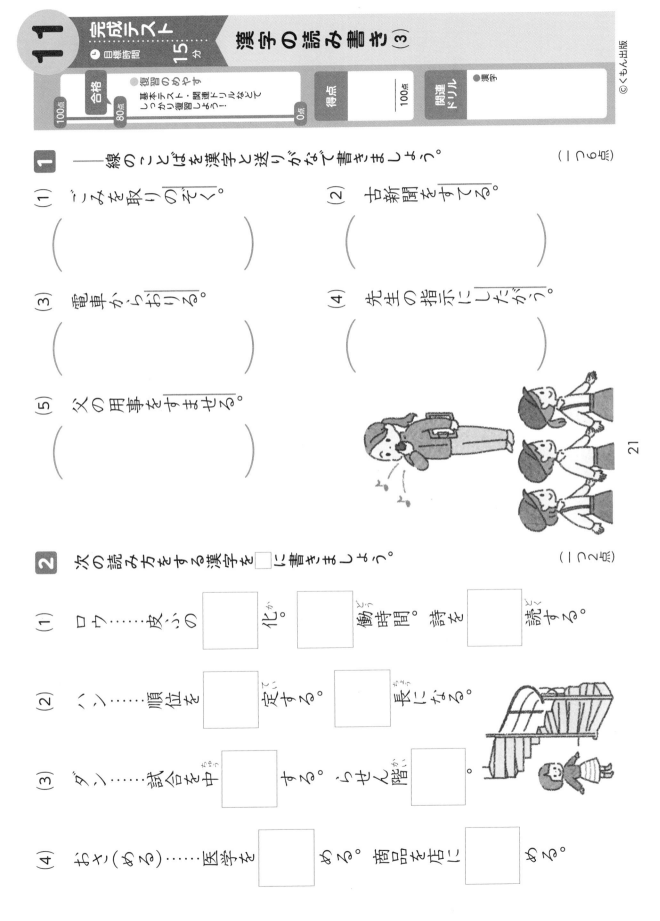

合格 ●復習のめやす
基本テスト・関連ドリルなどでくりかえし復習しよう
100点 80点 0点

得点 ／100点

関連ドリル ●漢字

©くもん出版

1 ──線のことばを漢字と送りがなで書きましょう。 (一つ6点)

(1) ゴミを取りのぞく。

（　　　　　　　）

(2) 古新聞をすてる。

（　　　　　　　）

(3) 電車からおりる。

（　　　　　　　）

(4) 先生の指示にしたがう。

（　　　　　　　）

(5) 父の用事をすませる。

（　　　　　　　）

21

2 次の読み方をする漢字を□に書きましょう。 (一つ2点)

(1) ロウ……皮ふの□化。 働く□時間。詩を□読する。

(2) ヘン……順位を□定する。□長になる。

(3) ダン……試合を中□する。□階から□せん階。

(4) おさ(める)……医学を□める。商品を店に□める。

4 形に気をつけて、□に漢字を書きましょう。 (1つ3点)

(1) □立山が見える。 りっぱ（□）な山なみ。

(2) 商品の□（ね）をかえる。

(3) けわしい岩山（□）。 草を取りのぞく（□）。

(4) 手紙が□く。 町が□てんする。

(5) □のうをはたらかす。 □（むね）をはる。

(6) 指示に□（したが）う。 □（たて）に線を引く。

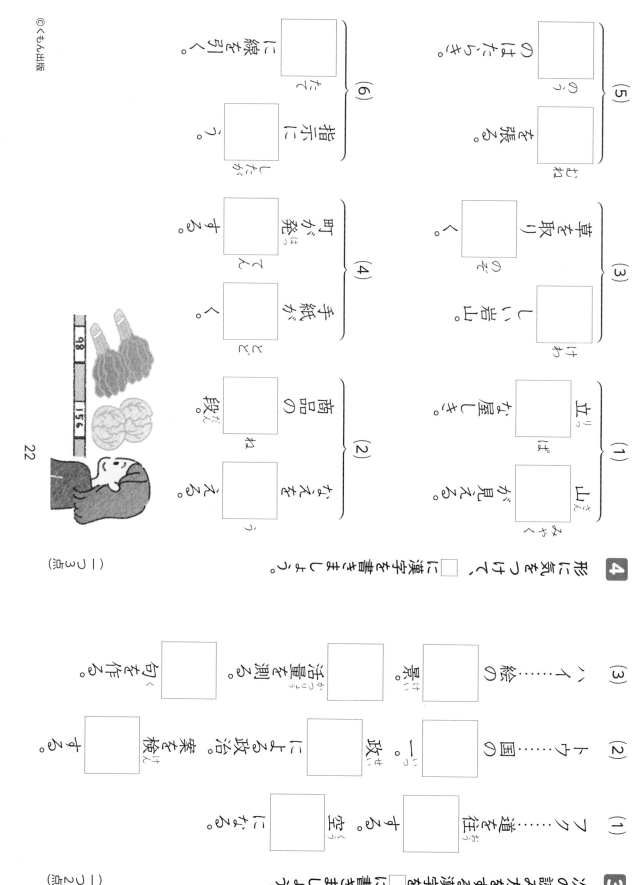

98
156

22

3 次の読み方をする漢字を□に書きましょう。 (1つ2点)

(1) ワ・ク……□ □道を従（したが）う。
□せい治。政治
□けん案を検。検案

(2) ト・ウ……□ □国の
□かさ に。空
□だん段 に。段

(3) ハ・イ……□ 総の□景。
□活かつ用。活動
□句を作る。

(1つ2点)

基本の問題のチェックだよ。
できなかった問題は、しっかり学習してから
完成テストをやろう！

得点 | 100点

関連ドリル ●漢字

©くもん出版

〈何通りかの漢字の読み〉

1 次の——線の漢字の読み方を書きましょう。 (1つ2点)

20点

全部できたら ✓

(1)
駅を地図で探す。（　）（　）
南極探検。（　）

(2)
父の勤め先。（　）
勤務を交代する。（　）

(3)
山の頂。（　）
夕飯を頂く。（　）
頂上まで登る。（　）

(4)
図書館が閉まる。（　）
目を閉じる。（　）
閉会のあいさつ。（　）

〈漢字の書き〉

2 次の□に漢字を書きましょう。 (1つ3点)

12点

全部できたら ✓

(1)
まど
□からのながめ。

(2)
し
歌□を覚える。

(3)
さく
□を練る。

(4)
わ
コップを□る。

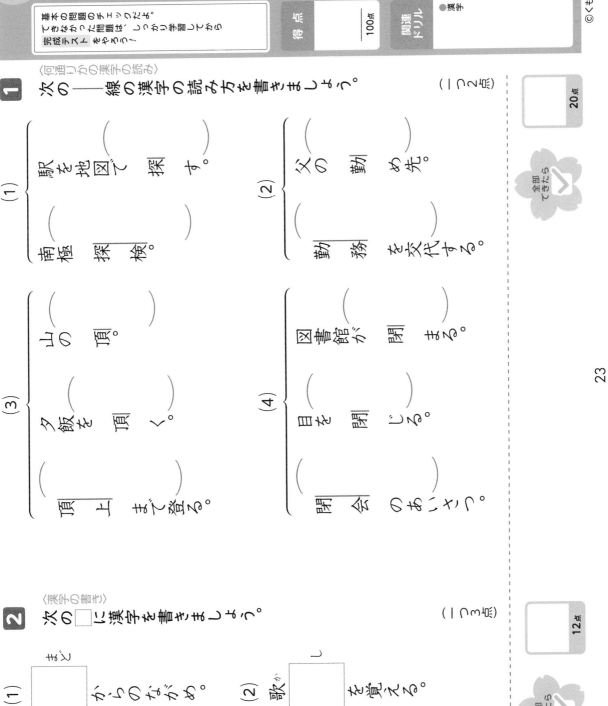

© くもん出版

4 次の□に漢字を書きましょう。
〈熟語の書き〉　48点（1つ4点）

（1）かわ□□へ。

（3）□□の朝。（とん・じ）

（5）き・ちょうな資源。□□な資源。

（7）本の□□。（ちょ・しゃ）

（9）□□が届く。（ゆう・びん）

（11）□□を守る。（ひ・みつ）

（2）山の□□□□。（ちょう・じょう）

（4）□□家庭。（ほう・もん）

（6）用紙に□□する。（き・にゅう）

（8）□□国の文化。（い・こく）

（10）胸の□□に。（き・ん）

（12）カを□□する。（はっ・き）

全部できたら ✓

3 ——線の送りがなに気をつけて、□に漢字を書きましょう。
〈送りがなに注意する漢字の書き〉　20点（1つ4点）

（1）店を□める。（し）

（2）出口を□がす。（さ）

（3）恩師を□ねる。（たず）

（4）会社に□める。（つと）

（5）法によって□される。（ばっ）

全部できたら ✓　20点

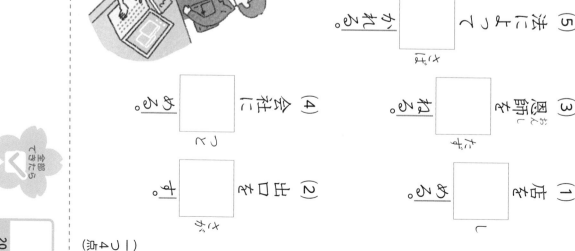

目標時間 15分

くもん出版

基本の問題のチェックだよ。
できなかった問題はしっかり学習してから
完成テストをやろう!

得点　　　/100点

関連ドリル　●漢字

〈二通りの漢字の読み〉

1 次の——線の漢字の読み方を書きましょう。 (一つ2点)

20点

全部できたら

(1)
(　　) 痛みを感じる。
(　　) 苦痛にたえる。

(2)
(　　) 元気の源。
(　　) 大切な資源。

(3)
(　　) 不足を補う。
(　　) 立候補する。

(4)
(　　) 暖かい日。
(　　) 温暖な気候。

(5)
(　　) お年寄りを敬う。
(　　) 両親を尊敬する。

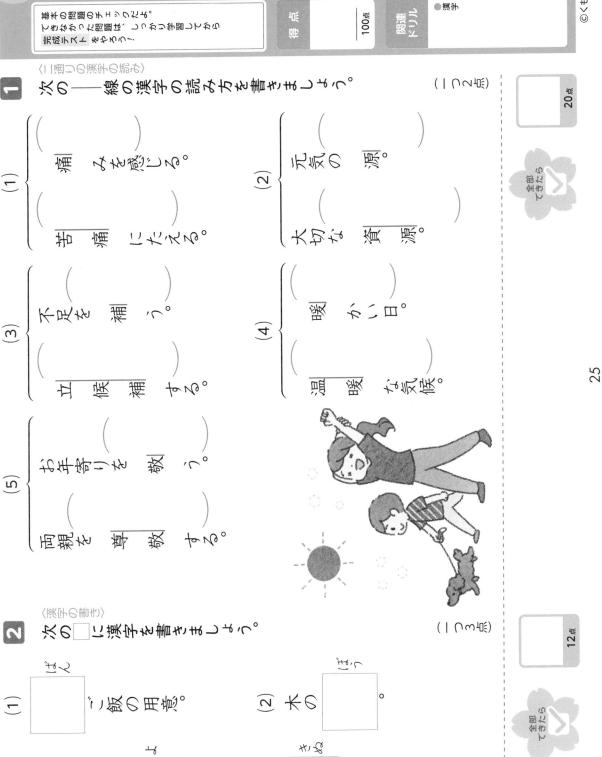

〈漢字の書き〉

2 次の□に漢字を書きましょう。 (一つ3点)

12点

全部できたら

(1) ばん　□ご飯の用意。

(2) 木の□ぼう。

(3) 世のための□よ□に行く。

(4) □きぬ□の着物。

25

4 〈熟語の書き〉

次の□に漢字を書きましょう。　（1つ4点）　48点

(1) □□ の消費。

(3) □□ の消費。

(5) □□ の支持。

(7) □□ の建物。

(9) □□ を守る。　（けんこう）

(11) 水が □□ する。　（じょうはつ）

(2) 詩を □□ する。

(4) 実験の □□。

(6) 制度を □□ する。

(8) □□ な人がら。

(10) 電車の □□。

(12) 兄が □□ する。　（しゅうしょく）

3 〈送りがなのある漢字〉

——線の送りがなに気をつけて、□に漢字を書きましょう。　（1つ4点）　20点

(1) □かい あたたかい日の光。

(2) 虫歯が □い。

(3) 栄養を □う。

(4) 先生を □う。

(5) □える 教え。

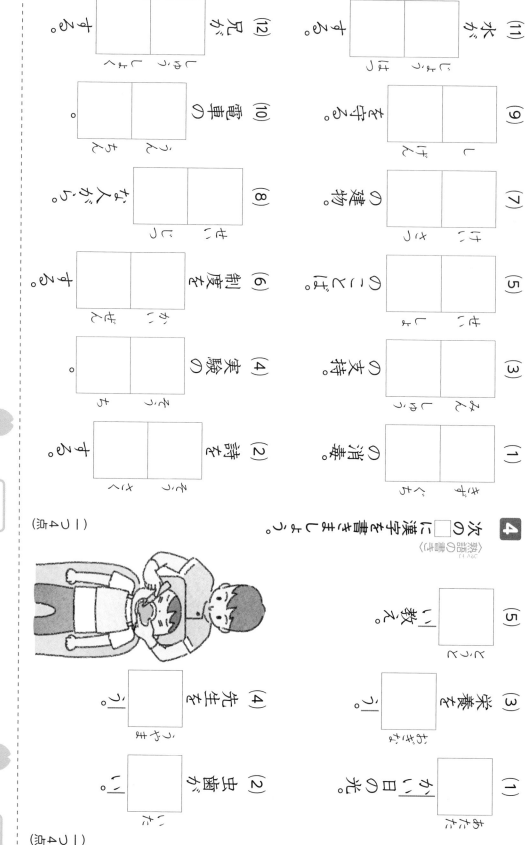

全部できたら

©くもん出版

合格 ●復習のめやす
100点 80点 0点
基本テスト・関連ドリルなどで復習しよう!

得点 100点

関連ドリル ●漢字

1 ——線のことばを漢字と送りがなで書きましょう。 (1つ4点)

(1) ドアを静かに<u>しめる</u>。

（　　　　　　　　）

(2) 友達を駅で<u>さがす</u>。

（　　　　　　　　）

(3) 頭が<u>いたい</u>ので休む。

（　　　　　　　　）

(4) 説明を<u>おこなう</u>。

（　　　　　　　　）

(5) おばの家を<u>たずねる</u>。

（　　　　　　　　）

(6) 市役所に<u>つとめる</u>。

（　　　　　　　　）

(7) 公平に罪を<u>さばく</u>。

（　　　　　　　　）

(8) 両親を<u>うやまう</u>。

（　　　　　　　　）

2 次の読み方をする漢字を□に書きましょう。 (1つ2点)

(1) ゲン……詩の表<u>げん</u>。 □ 人口の<u>げん</u>少。 □ 天然資<u>げん</u>。 □

(2) ケイ……脳<u>のう</u>の神<u>けい</u>。 □ <u>けいかん</u>察官の制服。 □

(3) あたた(かい)……□か(い)料理。 □か(い)室内。

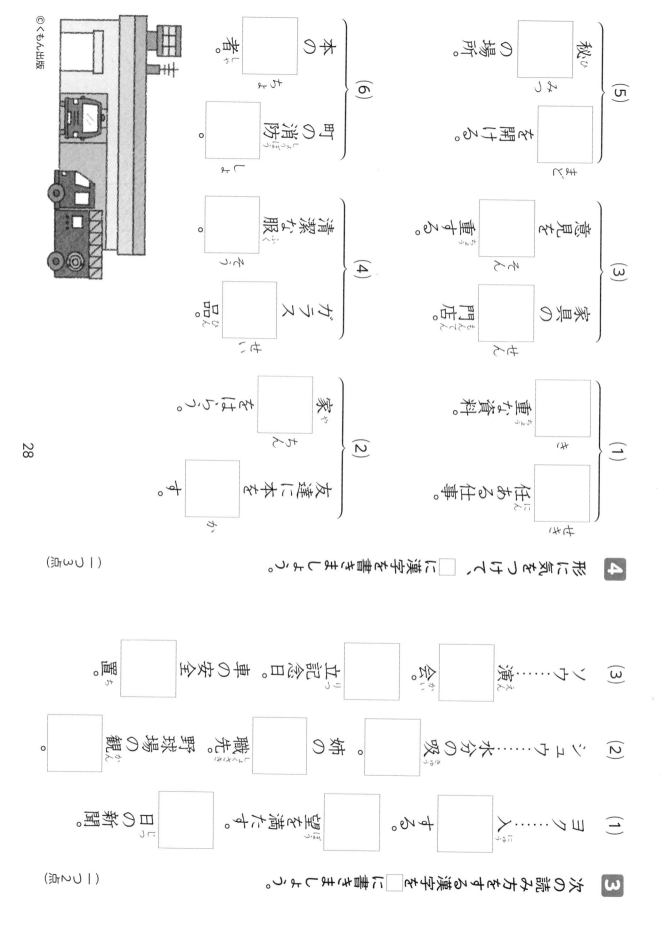

4 形に気をつけて、□に漢字を書きましょう。 (1つ3点)

(1) □（じゅう）な資料
　　□（にん）に住ある仕事

(2) 友達に本を□（か）す
　　家や田を□（は）らす

(3) 意見を□（そん）重する
　　家具の□（せん）門店

(4) 清潔な服を□（せ）い品
　　ガラスに□（せ）い

(5) 秘（ひみ）つの場所
　　□（まど）を開ける

(6) 本の□（ちょ）者
　　町の消防□（しょ）

3 次の読み方をする漢字を□に書きましょう。 (1つ2点)

(1) ヨウ……□
　　□人（にゅう）する
　　□日の新聞

(2) ジュウ……□
　　水分の吸（きゅう）□
　　職場（しょくば）の先□
　　野球場の観（かん）□

(3) ソウ……□
　　演（えん）□会
　　立（りっ）□記念日
　　□事の安全
　　□置（ち）

28

© くもん出版

基本の問題のチェックだよ。できなかった問題はしっかり学習してから完成テストをやろう！

得点 ／100点

関連ドリル ●漢字

© くもん出版

1 〈二通りの漢字の読み〉
次の──線の漢字の読み方を書きましょう。 （一つ3点） 12点

全部できたら ✓

(1)
（　　　）模型を作る。
（　　　）大規模な計画。

(2)
（こうはく）紅白の幕。
（えど）江戸時代の幕府。

2 〈漢字の書き〉
次の□に漢字を書きましょう。 （一つ3点） 12点

全部できたら ✓

(1) ノートの□（うら）。

(2) 上空のオゾン□（そう）。

(3) □（げき）の主役。

(4) かきの実が□（じゅく）す。

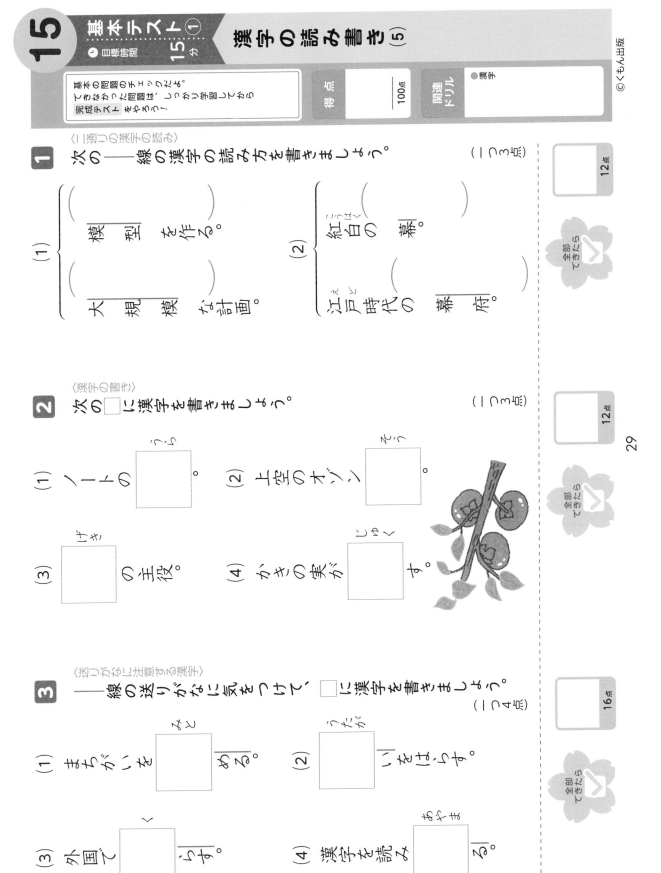

3 〈送りがなに注意する漢字〉
──線の送りがなに気をつけて、□に漢字を書きましょう。 （一つ4点） 16点

全部できたら ✓

(1) まちがいを□（みと）める。

(2) □（うたが）いをはらす。

(3) 外国で□（く）らす。

(4) 漢字を読み□（あやま）る。

5 次の□の□に漢字を書きましょう。
〈三字熟語の書き〉

(1つ4点) 12点 全部できたら ◎

(3) せ・き・ょ・ん □□□ ○

(2) し・か・じゅう □□□ ○

(1) れ・ぞ・う □□□ ○

(11) 話を □□ じ・か する。

(9) □□ じゅ・ん の意味。

(7) □□ し・ぞ・ん の働き。

(5) □□ ほ・き が大きい。

(3) 伊豆 □□ と・し・ょ ○

(12) 野球 □□ れ・ん ○

(10) 機械の □□ こ・し・ょう ○

(8) □□ ぎ・も・ん に思う。

(6) 方位 □□ じ・し・ゃく ○

(4) □□ へ・も・ん の生産。

4 次の□の□に漢字を書きましょう。
〈熟語の書き〉

(1つ4点) 48点 全部できたら ◎

(1) □□ な・か・い 総理大臣。

(2) □□ か・に 大会が

(3) □□ し・と・ょ 伊豆 ○

□□ へ・ま する。

©くもん出版

基本の問題のチェックだよ。
できなかった問題はしっかり学習してから
完成テストをやろう！

得点　　　／100点

関連ドリル　●漢字

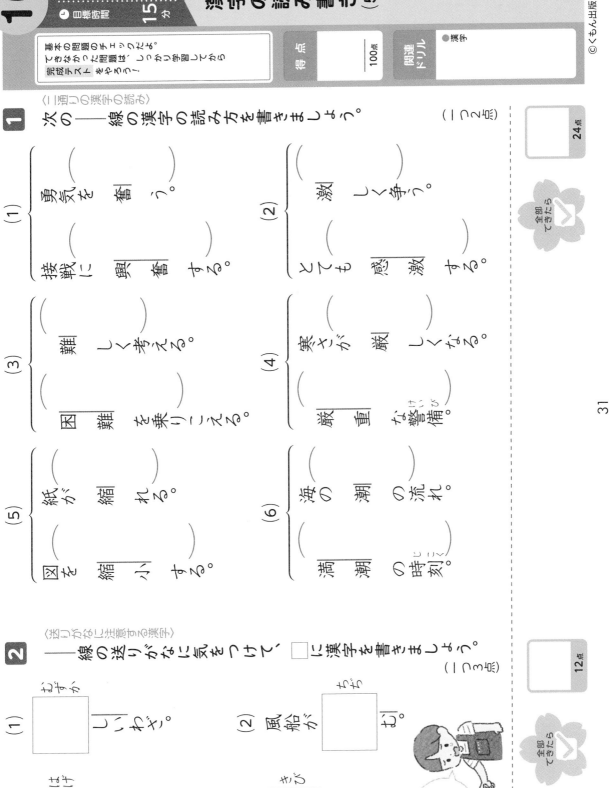

〈二通りの漢字の読み〉

1 次の──線の漢字の読み方を書きましょう。　(一つ2点)

24点

全部できたら✓

(1)
勇気を（　　）奮う。
接戦に興（　　）奮する。

(2)
激（　　）しく争う。
とても感（　　）激する。

(3)
難（　　）しく考える。
困（　　）難を乗りこえる。

(4)
寒さが厳（　　）しくなる。
厳（　　）重な警備。

(5)
紙が縮（　　）れる。
図を縮（　　）小する。

(6)
海の潮（　　）の流れ。
満（　　）潮の時刻。

〈送りがなに注意する漢字〉

2 ──線の送りがなに気をつけて、□に漢字を書きましょう。　(一つ3点)

12点

全部できたら✓

(1)　むずか　□しいわざ。

(2)　風船が　□ちぢむ。

(3)　はげ　□しい風がふく。

(4)　きび　□しい練習。

31

4 〈熟語の書き〉〈三字熟語〉

次の□に漢字を書きましょう。　（1つ4点）

16点　全部できたら○

(1) ［が／ろ／しゅ］

(2) ［て／ん／らか］　○

(3) ［と／ろ／に］

(4) ［く／れ／つ］　○

---

3 〈熟語の書き〉〈二字熟語〉

次の□に漢字を書きましょう。　（1つ4点）

48点　全部できたら○

(1) ［で／い］の船

(2) ［けん／ぼう］記念日。

(3) ［りん／じ］列車

(4) 社会の［ふく／ちょう］。

(5) ［こう／どん］する。

(6) 十分の一の［しゃく／す］。○

(7) ［きゅう／げき］な変化。

(8) ［もん／だん］を解く。

(9) ［ゆう／しょう］チーム。

(10) ［けん／かく］な文。

(11) ［かん／たん］な問題。

(12) ［こう／じゅつ］事の。○

32

©くもん出版

合格
100点 — 80点 — 0点

●復習のめやす
基本テスト・関連
ドリルなどで
復習しようう！

得点 ／100点

関連ドリル ●漢字

1 ——線のことばを漢字と送りがなで書きましょう。 (一つ4点)

(1) 相手の意見を<u>みとめる</u>。

（　　　　　　　　　　）

(2) 毛糸のセーターが<u>ちぢむ</u>。

（　　　　　　　　　　）

(3) <u>むずかしい</u>問題を解く。

（　　　　　　　　　　）

(4) <u>うたがい</u>をもつ。

（　　　　　　　　　　）

(5) 家族と幸せに<u>くらす</u>。

（　　　　　　　　　　）

(6) 使い方を<u>あやまる</u>。

（　　　　　　　　　　）

(7) <u>はげしい</u>雨が降る。

（　　　　　　　　　　）

(8) <u>きびしい</u>自然かん境。

（　　　　　　　　　　）

2 次の読み方をする漢字を□に書きましょう。 (一つ2点)

(1) カン……早起きの習[しゅう]□。　　新[しん]□線[せん]。　　単[たん]□テスト。

(2) ユウ……□便[びん]ポスト。　　勝[しょう]□を争う。

(3) ケン……選挙[せんきょ]□をもつ。　　法[ほう]□の条文。

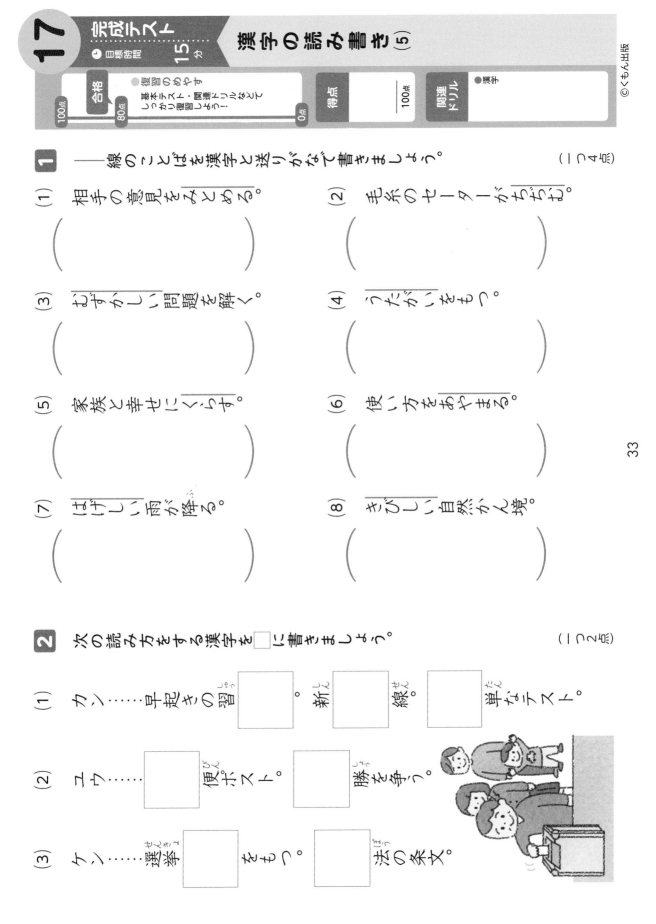

33

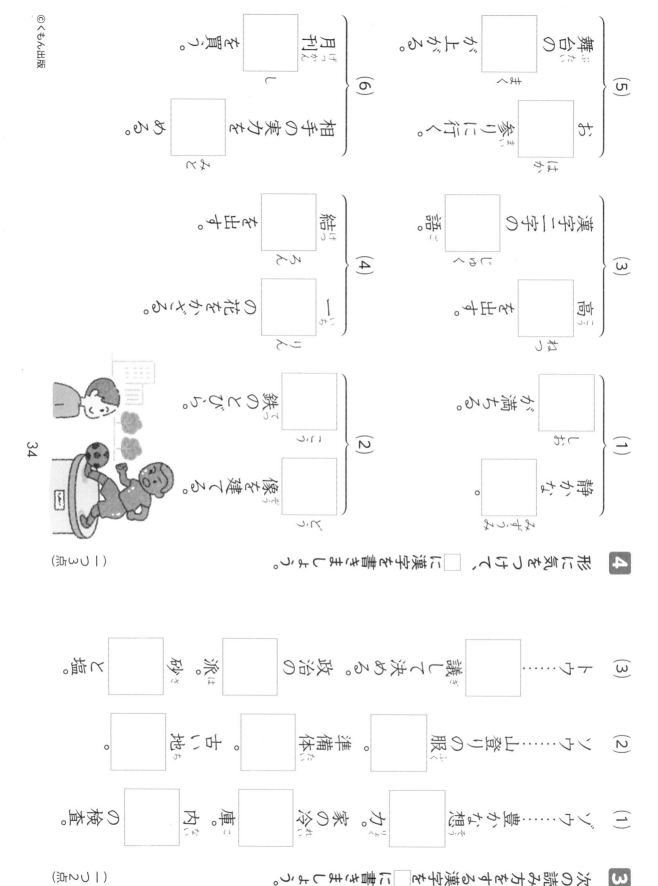

4 形に気をつけて、□に漢字を書きましょう。

(1)
静かな□。
□が満ちる。

(2)
鉄□のとびら。
□像を建てる。

(3)
漢字二字の□語。
□高いねを出す。

(4)
□結ぶ。
□一輪の花をさかせる。

(5)
舞台の□が上がる。
お□参りに行く。

(6)
月刊□を買う。
相手の実力を□める。

（1つ3点）

3 次の読み方をする漢字を□に書きましょう。

(1) ゾウ……
豊かな想□。
家の冷□庫。
内□の検査。

(2) ソウ……
山登りの準備体□。
政治の中□。
古い地□。

(3) トウ……
議□して決める。
派□砂地。
□と塩。

（1つ2点）

34

ことばのきまり(1)
・熟語の組み立て

©くもん出版

基本の問題のチェックだよ。
できなかった問題はしっかり学習してから
完成テストをやろう！

得点 | /100点

関連ドリル

●言葉と文 39〜40ページ

1 〈熟語の読み方〉
次の熟語の読み方を( )に ひらがなで書きましょう。また、読み方の組み合わせを □ から選んで、□ に記号を書きましょう。
(一つ3点)

36点

全部できたら ✿

書葉と文 39ページ

(1) (　　) 道順 □

(2) (　　) 役所 □

(3) (　　) 砂場 □

(4) (　　) 職場 □

(5) (　　) 手帳 □

(6) (　　) 船底 □

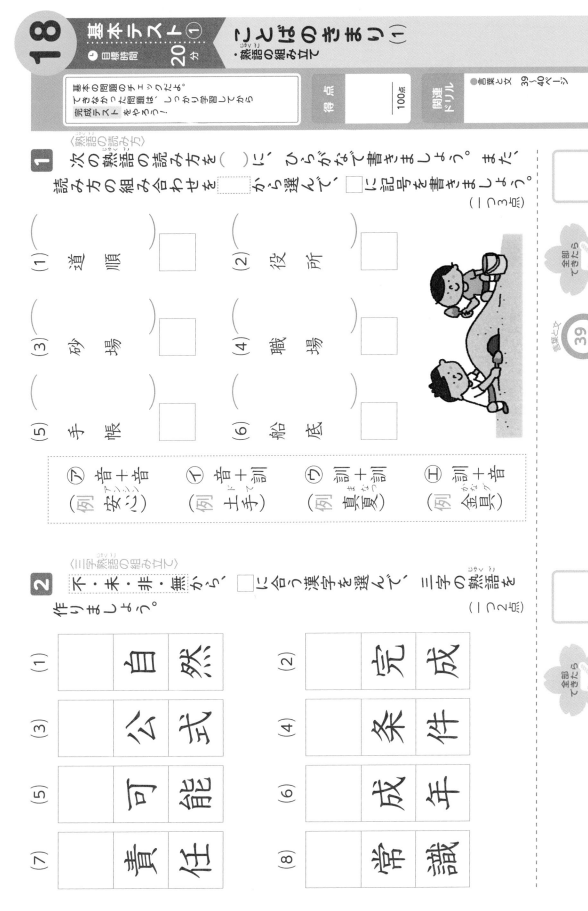

⑦ 音+音
(例 安心アンシン)

④ 音+訓
(例 土手ドて)

⑨ 訓+訓
(例 真夏まなつ)

⑤ 訓+音
(例 金具かなグ)

2 〈三字熟語の組み立て〉
不・未・非・無 から、□ に合う漢字を選んで、三字の熟語を作りましょう。
(一つ2点)

16点

全部できたら ✿

(1) □自然

(2) □完成

(3) □公式

(4) □条件

(5) □可能

(6) □成年

(7) □責任

(8) □常識

4 〈熟語の組み立て〉

(1) 反対(対)に合う漢字を書いて、次の組み合わせに合う熟語を作りましょう。（1つ3点）

反対(対)になる意味の漢字を組み合わせた熟語。

① 強□（きょう・じゃく）
② □明（あん・めい）
③ □着（はっ・ちゃく）
④ □負（しょう・ぶ）

(2) 似たような意味の漢字を組み合わせた熟語。

① 救□（きゅう・じょ）
② 回□（かい・てん）
③ □争（きょう・そう）
④ □加（ぞう・か）

言葉と文 39ページ

全部できたら

24点

---

3 〈熟語の意味〉

次の組み合わせになる熟語を、あとの（　）から選んで、□に書きましょう。

道路　体温　不安　終始　着陸　熱湯　豊富　修学

(1) 上の漢字が、その熟語の意味を修飾するように（〜の、〜に）上の漢字を下の漢字を修飾する熟語。（1つ3点）

〈例〉 古都（古い都。）

① □□
② □□

(2) 上に「〜を」「〜に」の部分が、下に来る熟語。

〈例〉 着席（席に着く。）

① □□
② □□

言葉と文 40ページ

全部できたら

24点

基本の問題のチェックだよ。
できなかった問題は、しっかり学習してから
完成テスト をやろう!

得点 | 100点

関連ドリル ●言葉と文 40〜42ページ

©くもん出版

〈二字熟語の組み立て〉

1 次の組み合わせに合う熟語を下から選んで、――線で結びましょう。
(一つ4点)

20点

(1) 反対(対)になる意味の漢字を組み合わせた熟語。 ・

・⑦ 創造

(2) 似たような意味の漢字を組み合わせた熟語。 ・

・⑦ 帰国

(3) 「投球」のように、「―に」「―を」の部分が下に来る熟語。 ・

・⑦ 始終

(4) 「山寺」のように、上が下を修飾する熟語。 ・

・⑦ 不快

(5) 「未定」のように、上が下を打ち消している熟語。 ・

・⑦ 好物

〈三字熟語の組み立て〉

2 次の組み立てに合う熟語を、後の□から選んで書きましょう。
(一つ4点)

24点

(1) ●―●―● (一字ずつの意味を並べる。)

( ) ( )

(2) ●―●● (上の字が下の語の性質や状態を限定する。)

( ) ( )

(3) ●●―● (下の字が上の語にいろいろな意味をそえる。)

( ) ( )

新製品・上中下・銀世界・科学的・衣食住・安全性

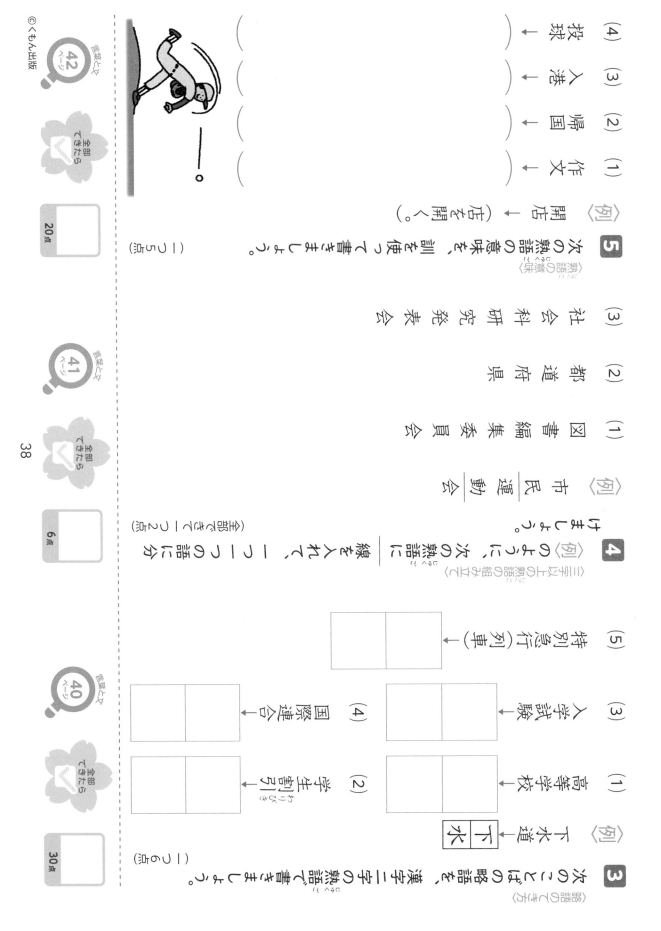

5 〈熟語の意味〉
次の熟語の意味を、訓を使って書きましょう。
（1つ5点）

〈例〉開店 →（店を開く。）

(1) 作文 →（　　　）

(2) 帰国 →（　　　）

(3) 入港 →（　　　）

(4) 投球 →（　　　）

20点

4 〈三字以上の熟語の組み立て〉
〈例〉のように、次の熟語に──線を入れて、一／一／一の語に分けましょう。
（全部できて1つ2点）

〈例〉市民|運動会

(1) 図書編集委員会

(2) 都道府県

(3) 社会科研究発表会

6点

3 〈略語の使い方〉
次のことばは、漢字二字の熟語の略語です。次のことばを、漢字二字の熟語で書きましょう。
（1つ5点）

〈例〉下水道 → 下水

(1) 高等学校 →

(2) 学生割引き →

(3) 入学試験 →

(4) 国際連合 →

(5) 特別急行列車 →

30点

言葉と文 42ページ　全部できたら✓

言葉と文 41ページ　全部できたら✓

言葉と文 40ページ　全部できたら✓

©くもん出版

合格

100点 合格 80点 0点

●復習のめやす
基本テスト・関連ドリルなどで
しっかり復習しよう！

得点

100点

●言葉と文 39〜42ページ

関連ドリル

1 □に合う漢字を書いて、反対（対）になる意味の漢字を組み合わせた熟語を作りましょう。 （一つ4点）

(1) 力の □弱。

(2) 土地の 高□ 差。

(3) 試合の □敗。

(4) ドアの 開□。

(5) □悪 の判断。

(6) 損□ を考えない。

2 次の意味に合う熟語を、一線の漢字を使って、□に書きましょう。また、その熟語の読み方も（　）に書きましょう。 （一つ2点）

(1) 顔を洗う。………□□ （　　）

(2) お金を預ける。…□□ （　　）

(3) 期日を延ばす。…□□ （　　）

(4) 税金を納める。…□□ （　　）

5 次の——線の漢字はどちらがつきますか。□に書きましょう。
（一つ3点）

不・未・非・無 から合う漢字を選んで、

(5) 未公式 [　]
(6) 不責任 [　]
(7) 非成年 [　]
(8) 無都合 [　]

(1) 無売品 [　]
(2) 不発表 [　]
(3) 非十分 [　]
(4) 未関心 [　]

---

4 次の熟語と同じ組み立てのものを後の□から選んで、記号を書きましょう。
（一つ3点）

（ア）内外
（イ）冷水
（ウ）減少
（エ）決心
（オ）未知

(7) 無害（　　）
(4) 生死（　　）
(1) 児童（　　）

(8) 善悪（ぜんあく）（　　）
(5) 生産（　　）
(2) 不運（　　）

(6) 得点（　　）
(3) 老人（　　）

---

3 次の熟語に——線を入れて、「──」「──」の語に分けましょう。
（全部できて一つ3点）

(4) 日本児童文学作品集
(3) 市立図書館利用者
(2) 交通安全週間
(1) 室内練習場

21 基本テスト① ことばのきまり⑵
・いろいろな表現

⏱目標時間 **20**分

基本の問題のチェックだよ。
できなかった問題は、しっかり学習してから
完成テストをやろう！

得点
／100点

関連ドリル
●言葉と文 63〜68ページ

©くもん出版

1 次の文を、①「そうだ」を使って人から聞いた言い方（伝聞表現）に、②「ようだ」を使って様子をおし量る言い方（推量表現）に書きかえましょう。
（一つ6点）

24点

全部できたら ✓ 言葉と文 **64**ページ

〈例〉 雨が降った。
① 「そうだ」（雨が降ったそうだ。）
② 「ようだ」（雨が降ったようだ。）

(1) あの星は北極星だ。
① 「そうだ」（ 　　　　　　　　　）
② 「ようだ」（ 　　　　　　　　　）

(2) 姉は花の絵をかいている。
① 「そうだ」（ 　　　　　　　　　）
② 「ようだ」（ 　　　　　　　　　）

2 ──線のことばを主語にして、受け身の文にかえます。（　）に合うことばを書きましょう。
（一つ8点）

16点

全部できたら ✓ 言葉と文 **68**ページ

〈例〉 父が、ぼくを呼んだ。
　　ぼくは、父に（呼ばれた）。

(1) 先生が、わたしの絵をほめた。
　　わたしの絵は、先生に（ 　　　　　　　　　）。

(2) 男の子が、ぼくに道をきいた。
　　ぼくは、男の子に道を（ 　　　　　　　　　）。

〈使役の文〉

5 □の〔　〕のことばを主語にして、——のことばをつかって、（　）に、使役の文にかえます。〔　〕にいのことばを書きましょう。

(1つ8点)　16点

〈例〉
弟が、ボールを投げた。
〔へ〕
兄が、弟にボールを投げさせた。

(1) 〔兄〕
犬が、ボールを追いかけた。
（　　　　　　　　　　　）。

(2) 〔母〕
妹が、プレゼントの箱を開けた。
母が、妹に、プレゼントの箱を開け
（　　　　　　　　　　　）。

〈倒置文〉

4 ——のことばの順序を入れかえて、倒置文を書きましょう。

(1つ8点)　24点

〈例〉
虫が飛んできた。
↓
飛んできた、虫が。

(1) 光が見えた。
↓ （　　　　　　　　　　　）

(2) 本を読みなさい。
↓ （　　　　　　　　）

(3) 向いて走ろう。
↓ （　　　　　　）

〈たとえの表現〉

3 （　）に合うことばを、後の□から選んで書きましょう。

(1つ5点)　20点

(1) 夜空には星が、（　　　　　）のように光る。

(2) 水たまりは、（　　　　　）のようにへやの姿を映した。

(3) 水たまりは、（　　　　　）のように身の周りのことをする。

(4) 弟は喜んで、（　　　　　）のようにとびはねた。

ねこ・鏡・宝石・かえる

ことばのきまり(2)
・いろいろな表現
・短歌と俳句

●言葉と文
71・63
～
72・68ページ

©くもん出版

基本の問題のチェックだよ。
できなかった問題はしっかり学習してから
完成テストをやろう！

得点　　　　100点

関連ドリル

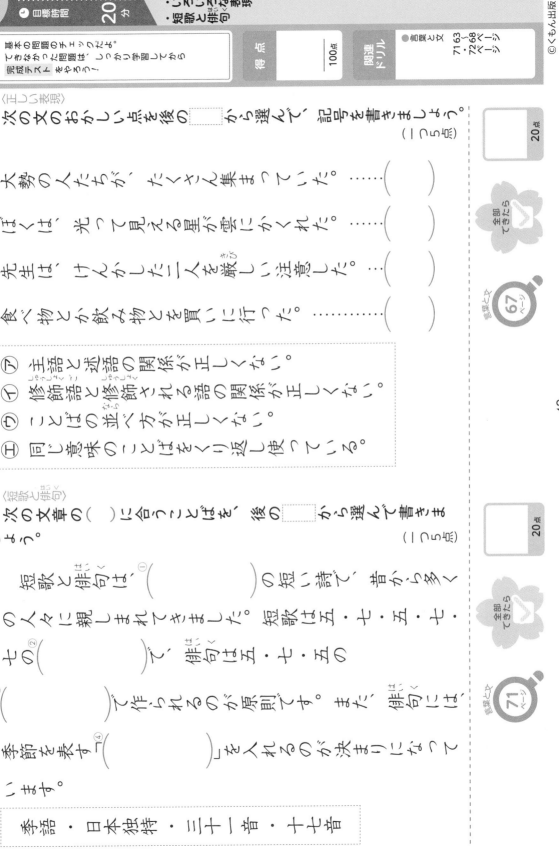

〈正しい表現〉

1 次の文のおかしい点を後の□□□から選んで、記号を書きましょう。
(一つ5点)　　20点

(1) 大勢の人たちが、たくさん集まっていた。……（　　）

(2) ぼくは、光って見える星が雲にかくれた。……（　　）

(3) 先生は、けんかした二人を厳しい注意した。…（　　）

(4) 食べ物とか飲み物とを買いに行った。………（　　）

　⑦ 主語と述語の関係が正しくない。
　⑦ 修飾語と修飾される語の関係が正しくない。
　⑦ ことばの並べ方が正しくない。
　① 同じ意味のことばをくり返し使っている。

〈短歌と俳句〉

2 次の文章の（　）に合うことばを、後の□□□から選んで書きましょう。
(一つ5点)　　20点

　短歌と俳句は①（　　　　　）の短い詩で、昔から多くの人々に親しまれてきました。短歌は五・七・五・七・七の②（　　　　　）で、俳句は五・七・五の③（　　　　　）で作られるのが原則です。また、俳句には、季節を表す④（　　　　　）を入れるのが決まりになっています。

季語・日本独特・三十一音・十七音

43

3 〈文語〉

——線の言葉の意味に合うものを、あとから選んで、○をつけましょう。(1つ5点)

(1) 東の野に（え）かぎろひの立つ見えてかへり見すれば月かたぶきぬ

ア（　）野の向こうに月が立って見える。
イ（　）野にあさ日の光が立ちのぼって見える。

(2) 石ばしる垂水の上の（お）さわらびの萌え出づる春になりにけるかも

ア（　）石の間を流れる水が深いこと。
イ（　）石の上を水がほとばしること。

---

4 〈短歌・俳句〉

次の短歌・俳句は、どのように読むとよいでしょう。「——」に続けて番号を書きましょう。(全部できて1つ8点)

(3) 遊び（　）春日は（　）てまり子ども（　）と暮れ（　）里に（　）早し
　　——

(1) あつめて早し最上川を五月雨（　）
　　——

(4) 見えて（　）目には音に秋来ぬ風来（　）
　　——

(2) 池を（　）名月や夜もすがら（　）
　　——

---

5 〈俳句〉

次の俳句の「季語」に——線を引き、その季節を□に書きましょう。(1つ6点)

〈例〉菜の花や月は東に日は西に …… 春

(1) 雪とけて村いっぱいの子どもかな ……

(2) 夏河を越すうれしさよ手にぞうり ……

(3) 赤とんぼ筑波に雲もなかりけり ……

18点　32点　10点

ことばのきまり (2)
- ・いろいろな表現
- ・短歌と俳句

●復習のめやす
基本テスト・関連ドリルなどで、くりかえし復習しよう！

得点 /100点

関連ドリル
●言葉と文
163〜68ページ

© くもん出版

1 人から聞いた言い方（伝聞表現）の文に「聞」、様子をおし量る言い方（推量表現）の文に「お」、どちらでもないものに〇を書きましょう。 (一つ2点)

(1) 今日の午後から雨が降るそうです。……（　）

(2) もうすぐ工事は終わりそうだ。…………（　）

(3) 今日から、授業の復習をしよう。………（　）

(4) 母から電話があったということだ。……（　）

(5) どうやら、かぜをひいたらしい。………（　）

2 ◻️のことばを何にたとえていますか。たとえている表現を書きましょう。 (一つ7点)

(1) 汽船は、雲のような けむり を出した。

（　　　　　　　　　）

(2) 遠くにある 木 は、人が立っている姿のようだ。

（　　　　　　　　　）

3 ——線のことばを主語にして、受け身の文を書きましょう。 (一つ8点)

(1) 先生は、テストの結果を発表した。

（　　　　　　　　　　　　　）

(2) 母は、幼い妹の手を引いた。

（　　　　　　　　　　　　　）

6 次の俳句の季語を（　）に、その季節を□に書きましょう。(1つ3点)

(1) 夕だちや草葉をつかむむら雀
（　　　　）　□

(2) 名月を取ってくれろと泣く子かな
（　　　　）　□

(3) 閑(しず)かさや岩にしみ入る蝉(せみ)の声
（　　　　）　□

(4) 山路来て何やらゆかしすみれ草(くさ)
（　　　　）　□

---

5 次の俳句・短歌になるように、（　）に番号をつけましょう。(全部できて1つ5点)

(3)
（　）はや(わ)はらかに
（　）針(はり)の
（　）春雨(はるさめ)の降(ふ)る
（　）二尺(にしゃく)の
（　）芽のに

(1)
（　）柿食(かきく)へば(え)
（　）鐘(かね)が鳴(な)るなり
（　）法隆(ほうりゅう)寺

(4)
（　）ぶらここ
（　）ぶらんこ
（　）晴(は)れたる
（　）空へ
（　）口笛を
（　）あげて

(2)
（　）ひねもすのたり(ひ)
（　）終日(ひねもす)の
（　）春の海
（　）のたりかな

---

4 次の[ ]のことばを主語(しゅご)にして、使役(しえき)の文に書きかえましょう。(1つ8点)

(1) 弟は泣いてとうろをなめた。[兄]
（　　　　　　　　　　　　　　　　　　）

(2) わたしは庭のかれ葉のそうじをした。[父]
（　　　　　　　　　　　　　　　　　　）

基本の問題のチェックだ。
できなかった問題はしっかり学習してから
完成テストをやろう！

得点 　　／100点

関連ドリル

● 言葉と文 73〜76ページ

1 （敬語の使い方）
——線の敬語の使い方が正しいほうに、○をつけましょう。
(一つ2点)

8点

全部できたら 🌸

言葉と文 75ページ

(1)
ア（　）母が、先生におこづつをなさった。
イ（　）先生は、母におこづつをなさった。

(2)
ア（　）お客様は、お茶をめしあがった。
イ（　）兄は、おいしそうにめしあがった。

(3)
ア（　）先生は、ぼくに答えをうかがった。
イ（　）ぼくは、先生の都合をうかがった。

(4)
ア（　）先生は、写真をごらんになった。
イ（　）ぼくは、テレビをごらんになった。

2 （尊敬語）
〈例〉のように、次のことばを尊敬語に書きかえましょう。
(一つ3点)

30点

全部できたら 🌸

言葉と文 73ページ

(1) 〈例〉 来る→（来られる）

① 話す→（　　　　）　② 書く→（　　　　）

③ 行く→（　　　　）　④ 待つ→（　　　　）

(2) 〈例〉 聞く→（お聞きになる）

① 作る→（　　　　）　② 帰る→（　　　　）

③ 寄る→（　　　　）　④ 歌う→（　　　　）

(3) 〈例〉 言う→（おっしゃる）〔特別なことばにかえる〕

① する→（　　　　）　② 来る→（　　　　）

5 〈敬語の使い方〉

——線の敬語は、使い方がまちがっています。正しい敬語に書き直しましょう。

(1点×7)

〈例〉先生がお話をいたしました。
→（なさい）ました。

(1) お客様が家に参られた。
……（　）

(2) 先生が静かに申された。
……（　）

(3) 先生がぼくの絵を拝見した。
…（　）

(4) 先生がぼくをお呼びいたした。
……（　）

(5) 教室にはお来になりました…
（　）

35点

言葉と文 75ページ

全部できたら○

---

4 〈敬語の使い方〉

——線のことばを、「です」「ます」「ございます」などの「ていねい語」を使った言い方に書きかえましょう。

(1点×3)

(1) 洗たく物を干すのを手伝う。…（　）

(2) もうすぐバスが来るだろう。……（　）

(3) これから庭の草とりをしよう。…（　）

9点

言葉と文 74ページ

全部できたら○

---

3 〈敬語の使い方〉

〈例〉のように、次の――線のことばを、けんじょう語・そんけい語に書きかえましょう。

(1点×3)

(1) 〈例〉待つ→（お待ちする）

① 言う→（　）
③ 包む→（　）
① 読む→（　）

(2) 〈例〉特別なことばにおきかえる〈行く〉

② する→（　）
④ 配る→（　）
② 選ぶ→（　）

18点

言葉と文 74〜76ページ

全部できたら○

基本の問題のチェックだよ。
できなかった問題は、しっかり学習してから
完成テストをやろう！

得点　　　／100点

●関連ドリル
言葉と文 3ページ
31 ページ

© くもん出版

〈文字の由来〉

1 次の説明に合う文字を後の□から選んで、記号を書きましょう。

（一つ2点）

12点

(1) 世界でいちばん広く使われている文字。‥‥‥‥‥（　　）

(2) 古い時代に、中国から日本に伝わった文字。‥‥‥‥（　　）

(3) 漢字をくずして書く書き方から作られた文字。‥‥‥（　　）

(4) 主に漢字の一部だけを採って作られた文字。‥‥‥‥（　　）

(5) 今から三千年以上も前に、中国で生まれた文字。‥‥（　　）

(6) エジプトの文字が少しずつ変化してきた文字。‥‥‥（　　）

⑦漢字　⑦平仮名　⑦片仮名　⑨ローマ字

〈漢字の成り立ち〉

2 次の成り立ちに合う漢字を、後の□から一つずつ選んで書きましょう。

（一つ2点）

16点

(1) 物の形を写した絵から作った漢字。‥（　　）・（　　）

(2) 形に表しにくい事がらを、図形や記号で示して作った漢字。‥（　　）・（　　）

(3) 二つの漢字の意味を合わせて作った漢字。‥（　　）・（　　）

(4) 意味を表す部分と、音を表す部分とを組み合わせて作った漢字。‥（　　）・（　　）

雨・板・上・門・男・末・晴・鳴

言葉と文 3ページ

49

5 〈部首と音を表す部分〉

次の漢字の部首を□に、漢字の音を（　）に書きましょう。
（1つ3点）　48点

	部首	漢字の音
(1) 鉱	□	（　）
(2) 洗	□	（　）
(3) 誠	□	（　）
(4) 閣	□	（　）
(5) 障	□	（　）
(6) 警	□	（　）
(7) 臓	□	（　）
(8) 批	□	（　）

言葉と文　31ページ　全部できたら✓

4 〈部首の意味〉

次の漢字の部首の意味で、（　）に合う漢字を1字で書きましょう。
（1つ3点）　12点

(1) 投・拾・捨・拝 …… （　）に関係がある。

(2) 休・係・働・健 …… （　）に関係がある。

(3) 池・湯・湖・液 …… （　）に関係がある。

(4) 花・葉・菜・芽 …… （　）に関係がある。

言葉と文　31ページ　全部できたら✓

3 〈仮名の使い方〉

次の漢字から、かな（仮名）をつくりました。どんな仮名ができましたか。正しいほうに〇をつけましょう。
（1つ3点）　12点

(1) 加 ｛ア（　）片仮名の「か」　イ（　）平仮名の「か」｝

(2) 多 ｛ア（　）片仮名の「タ」　イ（　）平仮名の「た」｝

(3) 左 ｛ア（　）片仮名の「メ」　イ（　）平仮名の「さ」｝

(4) 毛 ｛ア（　）片仮名の「モ」　イ（　）平仮名の「け」｝

© くもん出版

1 ──線の敬語の使い方が、正しいものは○を書き、まちがっているものは、正しい敬語に書き直しましょう。(1つ4点)

(1) 先生が家に<u>お見えになる</u>。……………（　　　　　　）

(2) 母が先生に<u>おたずねになった</u>。………（　　　　　　）

(3) 母が父の知人にお礼を<u>おっしゃった</u>。（　　　　　　）

(4) お客様からおみやげを<u>いただいた</u>。…（　　　　　　）

(5) 先生はぼくに<u>教えてさしあげた</u>。……（　　　　　　）

(6) 校長先生が集会で<u>お話しになった</u>。…（　　　　　　）

2 ──線のことばを、尊敬語かけんじょう語の特別なことばに書きかえましょう。(1つ4点)

(1) 私が先生の家に<u>行きます</u>。……（　　　　　　）

(2) 先生がおかしを<u>食べた</u>。………（　　　　　　）

(3) お客様が応接間に<u>いた</u>。………（　　　　　　）

(4) 先生から本を<u>もらった</u>。………（　　　　　　）

(5) お客様が忘れ物を<u>した</u>。………（　　　　　　）

(6) 先生の<u>言った</u>ことを伝える。…（　　　　　　）

51

5 次の漢字の部首を□に書きましょう。部首の意味に関係がある、「〜」ということばを（ ）に言いましょう。
（全部できて一つ5点）

(1)話　□・（ 　）

(2)銅　□・（ 　）

(3)室　□・（ 　）

(4)飯　□・（ 　）

(5)臓　□・（ 　）

© くもん出版

52

---

4 次の漢字から、どんなかたかなやひらがなができましたか。
（一つ2点）

(1)加 → 平仮名の□　片仮名の□

(3)世 → 平仮名の□

(5)天 → 平仮名の□

(2)久 → 片仮名の□

(4)毛 → 平仮名の□　片仮名の□

(6)保 → 平仮名の□　片仮名の□

---

3 次の文の主語をそれぞれ「先生」に変えて、敬語を使った文に書きかえま
（一つ5点）

(1)しょう。
委員長は説明をしている。
（ 　）

(2)ぼくは、日曜日は家にいる。
（ 　）

(3)山川君は、ぼくに本を見せてくれた。
（ 　）

基本の問題のチェックだよ。
できなかった問題はしっかり学習してから
完成テストをやろう!

得点　　／100点

関連ドリル　●文章の読解　77〜82ページ

45点

文章の読解 77〜82ページ

1 〈組み立てを考えて書く〉
次の作文の一部を読んで、後の問題に答えましょう。

> ⬜1 「フレーッ。フレーッ。」
> 声えんを受けて、大きく応えん旗がゆれている。
>
> ⬜2 二学期になって、運動会の応えん旗を作ることが決まった。ぼくは、クラスの旗を作る委員に選ばれた。
>
> ⬜3 委員になってからは、旗の大きさ、形、色……と決めなくてはいけないことが多くて大変だった。委員のメンバーは、運動会の前日まで旗作りに取り組んだ。
>
> ⬜4 運動会の日の朝、校庭に応えん旗がかかげられた。そのとき、ぼくは、なみだが出そうなくらいうれしかった。

(1) この作文の「書き出し」と「結び」にあたる部分は、⬜1〜⬜4のどの段落ですか。(一つ10点)
① 書き出し…□の段落
② 結び………□の段落

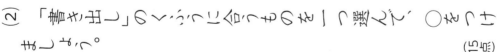

(2) 「書き出し」のくふうに合うものを一つ選んで、○をつけましょう。(15点)

ア（　）運動会の委員の声で書き始めている。

イ（　）声えんのかけ声で書き始めている。

ウ（　）応えん旗がゆれる様子で書き始めている。

(3) 旗ができ上がるまでの様子を書き足すには、⬜1〜⬜4のどの段落に入れるとよいですか。(10点)

□の段落

2 次の作文の―部を読んで、後の問題に答えましょう。

〈組み立てを考えて書く〉

１ パン、パン、パン。手びょうしが鳴りやまない。

２ ぼくたち六年生にとって最後の音楽発表会で、えん奏を始めたとき、ぼくは胸がどきどきした。

３ 発表会を始めた合図の音がして、みんなで息を合わせてえん奏した。おどろくほど全員がそろっていたのは、放課後にのこっていた練習のせいかな。

４ これで、発表のための、みんなの気持ちが一つになって、すばらしいえん奏をすることができて、朝練習をして、放課後にかえってからも練習した。ピアノばんの人も大事な用…

---

(1) 書き出し「１」の段落は、何の音で書き始めていますか。(15点)

(2) 気持ちを表している段落で、作者はどんな気持ちを書いていますか。

「１」の段落は、作者のどんな気持ちを書いていますか。(15点)

気持ちを表す言葉で、書いている気持ちをぬき出して書きましょう。(15点)

(3) 練習の様子や演奏の様子を書いた文はどれですか。次の（ ）にあてはまるように、１〜４の段落の番号を書きましょう。(両方できて10点)

(4) この作文の組み立てについて書いた次の文の（ ）にあてはまることばを書きましょう。(15点)

音楽発表会では、（ ）ことを書き始めて、その後に（ ）。その後に、練習の様子を書いた。最後に、演奏の様子が書いてある。

28 完成テスト
● 目標時間 30 分

作文の書き方 (1)
・文章の組み立て

合格
100点 80点 0点

● 復習のめやす
書きテストで、80点がとれなかったら、関連ドリルなどで、復習しよう！

得点
100点

関連ドリル
● 文章の読解 77〜82ページ

© くもん出版

★ 次の作文を読んで、下の問題に答えましょう。

※ ①〜③は段落番号です。

① わたしには、小学校に入学してからこれまでの間、すごくわすれられない思い出がある。それは、「一年生をむかえる会」で六年生のお兄さんと話した思い出だ。

② 入学してすぐに「一年生をむかえる会」があった。その会では上級生と手をつないで入場すると聞き、わたしはとても不安になった。会の当日、入場する前のわたしは、今にも泣きだしそうな顔になっていた気がする。そんな困っているわたしを見たからか、となりにいた六年生のお兄さんが、声をかけてくれた。

(1) ①の段落の「書き出し」のくふうについて、合うものを一つ選んで、○をつけましょう。 (20点)

ア（　）何について書いたものかを、まず明らかにしている。

イ（　）読む人を引きつけるために、だれかが話したことば言葉から始まっている。

ウ（　）自分の考えの要約を示し、簡単に説明している。

(2) ②の段落には、どんな内容を書いていますか。合うものを一つ選んで、○をつけましょう。 (20点)

ア（　）将来のことを思いえがいて書いている。

イ（　）学校生活の問題点を提起して書いている。

ウ（　）過去のことを回想して書いている。

55

③

わたしは、高学年のお兄さんやお姉さんが体を低くして、わたしたちに目線を合わせて、話しかけてくれたことがうれしかった。その楽しかったことをたくさん話してくれたお兄さんやお姉さんのように、わたしも、一年生に学校のことをいろいろ教えてあげたい、という気持ちになっている。

今、六年生になったわたしは、あのときのお兄さんやお姉さんのように、一年生にやさしくしてあげたい。

たしをむかえる会で「来週は今年の最上級生がいよいよきまります。今年はわたしたちが一年生をむかえる会をします。」と先生から話があった。小学校入学のときに楽しく過ごせたのは、あのお兄さんやお姉さんがいてくれたおかげで、小学校で楽しく過ごせたのだと思う。

(3) それは②の段落に書いてあります。その部分を書きぬきましょう。人（「　　」）を書きぬきましょう。　（20点）

〔　　　　　　　　　　　　　〕

(4) この段落からの考えですか。自分の考えを書いているのは、何番目の段落ですか。番号で答えましょう。　（20点）

□段落

(5) 短く答えましょう。この作文を書いたのはどういう人ですか。考えて答えましょう。　（20点）

筆者

29 基本テスト

⏱目標時間 **20**分

作文の書き方(2)
・主題をはっきりさせて

得点 　／100点

関連ドリル ●文章の読解 71〜76ページ

© くもん出版

基本的な問題のチェックだよ。
できなかった問題はしっかり学習してから
完成テストをやろう！

〈主題をはっきりさせて書く〉

1 次の作文の一部を読んで、後の問題に答えましょう。

40点

> ① わたしの学級では、「花いっぱい運動」をしています。学校の周りに花を植えて、町を花できれいにしようというものです。
>
> ② 今年は、パンジーを植えることになりました。わたしは園芸委員に選ばれたので、クラス全員分のなえの世話をしました。
>
> ③ 水やりや草とりは、毎日しなければいけないので、大変でした。
>
> ④ わたしたちの花が町角に並んでいるのを見たとき、いっしょうけん命世話をしてよかったなあと思いました。

(1) 次のことがらは、①〜④のどの段落に書いていますか。番号を書きましょう。(一つ5点)

① 「わたし」が、なえの世話をしたこと。… □

② なえの世話が毎日、大変だったこと。… □

(2) この作文の主題は、①〜④のどの段落に書いていますか。番号を書きましょう。 □の段落 (10点)

(3) この作文の主題を書いた次の文の( )に合うことばを書きましょう。 (一つ10点)

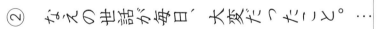

わたしたちの花を①( )で見たとき、いっしょうけん命②( )をしてよかったと思った。

57

2 次の作文の一部を読んで、後の問題に答えましょう。

文章の練習
71〜76ページ

全部
できたら

60点

1　ぼくは放送委員で、月曜日と木曜日のお昼の校内放送を担当している。

2　担当している放送内容は、身近な話題を取り上げて話すというもので、毎日、取り上げる話題をさがしている。

3　〈 〉行けてしまうので、取材のしようがないので、毎日言われたことは「どんなことをしゃべるの？」と言われたりなんだかんだと言われたりする。

4　きのう、みんなに「この前の、おもしろかったよ。」と言われてうれしかった。放送していてよかったと思う。もっとアンケートをとったりして、取材の方法を変えたり、みんなが楽しみになるようにしたい。これからも、みんなが楽しみにしてくれるような放送ができたらいい。

(1) 次のことがらは、1〜4のどの段落に書いてありますか。番号を書きましょう。（1つ10点）

① 放送を聞いたときの気持ち。…… □

② 「ぼく」が担当する放送の内容と活動。… □

(2) 作者は、「 」が担当する放送の評判をしょうかいするために、どの段落に書いていますか。（10点）

(3) 作者は、主題を、① ___ の段落に、② ___ のように書いていますか。（1つ10点）

(2) 主題の段落に合うことばを、⑦・①に書きましょう。
⑦（ 　　 ）
①（ 　　 ）

(1) みんなが、これからも（⑦　　　）におもしろいと思ってくれるような放送ができたらいい。

30 完成テスト

作文の書き方(2)
・主題をはっきりさせて

●目標時間 30分

●復習のめやす
合格 100点 80点 0点
基本テスト・関連ドリルなどで
しっかり復習しましょう。

得点 100点

●文章の読解 71〜76ページ
関連ドリル

©くもん出版

★ 次の作文を読んで、下の問題に答えましょう。

※①〜⑤は段落番号です。

① 「あしたのあたしはあたらしいあたし。」その言葉は、まるで私を待っていたかのように、目に飛びこんできた。石津ちひろさんの本だった。図書館でその題名を目にしたしゅんかんから、私にとって、忘れられない言葉になった。

② 六年生になってすぐの私は、つい最上級生になったという喜びと、なんにでもがんばろうという気持ちにあふれていた。だから、勉強も委員会の活動も、これまで以上に積極的に取り組んだ。しかし、一生けんめいにやっていることが続いて、だんだん元気がなくなってきた。それまでの私だったら、失敗したり、上手にできなかったりすると、すぐに気持ちを切りかえることができるのに、どうしてなのか、明るいことがなかったり、すぐに気持ちを切りかえることができるのに、どうしてなのか、明るいことがなかったり、気持ちになれないまま、毎日を過ごしてしまっていた。

(1) 上の作文は、どんなことを書いていますか。一つ選んで、〇をつけましょう。(15点)

ア( ) ふだん、なにげなく考えていること。

イ( ) 図書館で見つけた本の言葉に感めいをうけたこと。

ウ( ) 読書のすばらしさを知らせたいということ。

(2) 筆者の心を動かしたのは、何でしたか。(一つ10点)

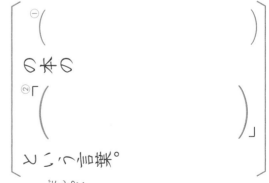

①( )の本の

②「( )」という言葉。

(3) ②段落には、どのようなことが書かれていますか。一つ選んで〇をつけましょう。(15点)

ア( )過去の経験と気持ち。

イ( )学校生活のための提案。

ウ( )自分の長所と短所。

59

⑤ 今できることは、今できるようにしておく。新しく明日に考えが変わってもいい。私は、明日もっと上手になれることなら、今日新しくしたいと、今日の私は今日をへていく。

だれもがそう思うだろう。でも私は、そういうときに、自分自身に対して、そう思えるようになりたい。だれにも軽く言える言葉ではないけれど、今日新しくしたいと私は今日を……の私は。

この言葉を、何かのときにふっと自然に唱えていたときが、私は……にいる。

それから先、何年たっただろう。新しいと思うたびに、その言葉を思い出すことがいい。

④ なにげなく自分に言った言葉だった。その先、何年たっただろう。その言葉に出会えたときの、私はそんな……

言葉なんて、そんなにたくさん覚えなくてもいいのに、人生きていくうちに、出会ったその言葉を見つけたときに、その言葉を見たときに、自然に自分の中に、そして、その言葉は、同時に自分にとって大切な言葉だった。

③

（3）

（4）「この言葉だ！」という言葉に出会えたときの自分に、そのとおりに出会ったときの自分になりたいと思います。その言葉が、どんなふうに書きぬいて表現したのでしょう。作文から、そのとおり書きぬきましょう。
15点

（5）③段落と④段落の関係について（　）
③段落と④段落の関係について、（　）
（1つ10点）

が、書けて気持ちが（　）②
④段落には、（　）との
③段落には、その言葉が
大切な言葉を
変化した（　）①を

（6）もし作文の主題が、簡潔に書かれているとしたら、どの段落にありますか。最…
15点

基本の問題のチェックだよ。
できなかった問題は、しっかり学習してから
完成テストをやろう！

得点 [　　　]100点

●文章の読解 27〜36ページ

©くもん出版

〈場面の様子を読みとる〉

★ 次の文章を読んで、下の問題に答えましょう。

日光の黄金は、夢のように水の中に降ってきました。

波から来る光のあみが、底の白い岩の上で、美しくゆらゆらのびたり縮んだりしました。あわや小さなごみからはまっすぐな棒が、水の中に並んで立ちました。

魚が、今度はそこら中の黄金の光をまるっきりくちゃくちゃにして、おまけに底光りして、底の方へ上りました。

自分は鉄色に変に底光りして、

「お魚はなぜああ行ったり来たりするの。」

弟のかにがまぶしそうに目を動かしながらたずねました。

「何か悪いことをしてるんだよ。取ってるんだよ。」

「取ってるの。」

「うん。」

そのお魚が、また上からもどってきました。今度はゆっくり落ち着いて、ひれも尾も動かさず、ただ水にだけ流

(1) 上の文章は、どんな場面から始まりますか。一つ選んで○をつけましょう。 (15点)

ア（　）水の中に光が差しこんでいる場面。

イ（　）人が水の中をのぞきこんでいる場面。

ウ（　）魚が体を光らせて降るように泳ぐ場面。

(2) ──「鉄色に変に底光り」したのは、何でしたか。 (15点)

〔　　　　　　　〕

(3) 兄さんのかには、魚が何をしていると言いましたか。兄さんのかにの言葉に──線を引きましょう。 (20点)

50点

全部できたら

文章の読解 27〜36ページ

27〜36ページ　文章の読解

全部できたら

50点

点

魚の形も見えず、こえも出ず、ねもみじろぎもしませんでした。

……」

と魚のいる方へ飛びこんで来ました。にわかに天井（てんじょう）に白いあわがたって、青びかりのまるでぎらぎらする鉄砲弾（てっぽうだま）のようなものが、いきなり飛びこんで来ました。

兄さんのかには、はっきりとその青いものの先が、コンパスのように黒くとがっているのも見ました。と思ううちに、魚の白い腹がぎらっと光って一ぺんひるがえり、上の方へのぼったようでしたが、それっきりもう青いものも魚の形も見えず、光の黄金のあみはゆらゆらゆられ、あわはつぶつぶ流れました。

二ひきはまるで声も出ず、居すくまってしまいました。

（4）□□□線「天井（てんじょう）」とは何のことですか。一つえらんで、〇を一つ つけましょう。
(15点)

ア（　）水面
イ（　）川の底
ウ（　）青い空

（5）～～線「鉄砲弾（てっぽうだま）」とは何のことだと思われますか。一つえらんで、〇を一つ つけましょう。
(15点)

ア（　）黒い道具。
イ（　）魚が深くしずんだもの。
ウ（　）の鳥。

（6）──線「何かに」の兄弟たちが何をしようとしますか。様子が表れている文章中に一線を引いて、文章中に しめしているところに。
(20点)

★ 次の文章を読んで、下の問題に答えましょう。

日光のきらきらした黄金は、夢のように水の中に降ってきました。

波から来る光のあみが、底の白い岩の上で、美しくゆらゆらのびたり縮んだりしました。あわや小さなごみからはまっすぐなかげの棒が、ななめに水の中に並んで立ちました。

魚が、今度はそこら中の黄金の光をまるっきりくちゃくちゃにしておきまして、すぐ下の方へ行きました。

そして魚はもう上の方へ行ってしまいました。

「お魚はなぜああ行ったり来たりするの。」

弟のかにがまぶしそうに目を動かしながらたずねました。

「何か悪いことをしてるんだよ。取ってるんだよ。」

「取ってるの。」

「うん。」

そのお魚が、また上から下りてきました。今度はゆっくり落ち着いて、ひれも尾も動かさず、ただ水にだけ流

(1) ___の表現では、どんな様子を表していますか。一つ選んで〇をつけましょう。 (15点)

ア（　）日光を浴びた花びらが水面に落ちた様子。

イ（　）明るい日の光が水の中に差しこんでいる様子。

ウ（　）夕日がかがやきながらしずんでいく様子。

(2) 「お魚はなぜああ行ったり来たりするの。」とありますが、かにたちは、どこから魚を見ているのですか。一つ選んで、〇をつけましょう。 (15点)

ア（　）水の底

イ（　）岸辺

ウ（　）水面

(3) 「何か悪いことをしてるんだよ。」とありますが、これを言っているのはだれですか。 (20点)

〔　　　　　　　〕

63

にわかにパッと明るくなり、日光の黄金は、夢のように水の中にふってきました。

波から来る光のあみが、底の白い岩の上で、美しくゆらゆらのびたり縮んだりしました。あわや小さなごみからはまっすぐなかげの棒が、ななめに水の中に並んで立ちました。

その時です。にわかに天井に白いあわがたって、青光りのまるでぎらぎらする鉄砲玉のようなものが、いきなり飛びこんできました。

兄さんのかには、はっきりとその青いものの先が、コンパスのように黒くとがっているのも見ました。と思ううちに、魚の白い腹がぎらっと光って一ぺんひるがえり、上の方へのぼったようでしたが、①それっきりもう青いものも魚の形も見えず、光の黄金のあみはゆらゆらゆれ、あわはつぶつぶ流れました。

②たらゆらと、あわも影も一緒に、おどるように流れて行きました。お魚は……

静かに底へ、底へとしずんでいくので、二ひきはしばらく声も出ませんでした。

(6) ⌇⌇⌇⌇⌇とありますが、「お魚はどこへ行った」のに、かにたちが声も出さないのはなぜですか。水の中のできごとを考えて書きましょう。(20点)

(5) ──線の「青いもの」とは何が見えたようすですか。次から選んで、○をつけましょう。(15点)

（　）ア たくさんの青い魚が連れてきたから。

（　）イ たくさんの青い人間に連れてこられて青空から来たと気づいたから。

（　）ウ それは青い魚が空に気がついたから。

(4) ⌇⌇⌇⌇で混乱やおそれを表現しているのは、お魚が水の中をどうしたときか、初めの五文字を書きましょう。(15点)

33 基本テスト ⏱目標時間 30分

物語の読みとり(2)
・人物の気持ちと主題 「遠眼鏡の海」

基本の問題のチェックだよ。
できなかった問題はしっかり学習してから
完成テストをやろう！

得点 ／100点

●文章の読解 57〜68ページ
関連ドリル

© くもん出版

〈人物の気持ちや主題を読みとる〉

★ 次の文章を読んで、下の問題に答えましょう。

50点

一度でここから、その遠眼鏡を手に取って、じっくりと調べてみたいと思っています。だけど中に入って、ねむっているおじいさんと犬を起こす勇気はぼくだけでなく、その店に入っていくお客は、だれ一人にないのです。

そんなある日の夕方です。いつものように、ウインドーのガラスに鼻をおしつけて、遠眼鏡をのぞいていると、おじいさんがぼくに向かって、手招きしているのが分かりました。たちまち、「ぼくの心臓は、あらしの海のように波立ち始めました。夕日がのどから飛びこんだみたいに、体中が熱くなりました。」

(1) 「ぼく」が興味をもっているものは何ですか。(15点)

（　店の中にある　　　　　　　　　）

(2) その店に、どうして人っていかないのですか。(一つ10点)

①（　店の　　　　　　　）と犬は、いても

②（　　　　　　　　）が　だれもいないから。

(3) おじいさんが手招きしているのを知ったとき、「ぼくの心臓」は、何のようでしたか。(15点)

66

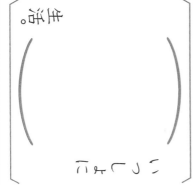

望遠鏡を指さしました。

「？」

ぼくは思い切って指さして、「？」

その家だったものに、分かったものに、ウインドーの遠くの眼鏡も船が手に

おじいさんはそれを言って、世界の海を回ったような船だったものよ。

ちゃんと利口なんだぞ。天国に旅立った年等にしていろいろ。ほくたち

（一部省略）

は赤犬を指事して、「？」と。病気の大が静かな声で言いました。若者と話が

おじいさんたすけてくれたねだ。一度もうとしをしてくれたと、

「よしよし、来てあげられないから、ほくはもう一度、もうとしだんたなどと思ってくれたと思えません、

せいては黒いおまえだけれど、きっと気をしてくれた、おまえ、赤犬です。目の前は

赤犬はこの店の中に足をもふみ入れてくれました。目の前は地震のあとでも

ほくはレジスターを開けて、もうきっとはき覚えていましたか、それを一人の人のために入れたのだと思いました。それでも

はレンズを開いて吸い付けて入ってくれたのでも、それでも

（4）——

「この犬が病気？」と聞いたのは、大が「病気？」と

様子だったのは、大が「病気？」と聞いたのですが、

（6） （15点）

「ぼく」が「思い切って指さし」て「聞いた」のは、何のこと。

[   ]

（5） （20点）

たとえおじいさんはどんな生活をしたかについて、赤犬

（   ）

生活。

[   ]

（4） （15点）

「この犬が病気？」と聞いたのは、大が「病気？」と

[   ]

57〜68
ページ
文章の読みとり

全部
できたら

50点

34 完成テスト① 物語の読みとり(2)

・人物の気持ちと主題「遠眼鏡の海」

⏱目標時間 30分

●復習のめやす

合格 100点 80点 基本テスト・関連ドリルなどにもどって、復習しよう！ 0点

得点 ／100点

●文章の読解 57〜68ページ

関連ドリル

©くもん出版

★ 次の文章を読んで、下の問題に答えましょう。

一度、ここから、その遠眼鏡を手に取って、じっくり調べてみたいと思いました。だけど中に入って、ねむしているおじいさんと大を起こす勇気は、わいてきません。ほくだけでなく、その店に入っていくお客は、□□□□ないのです。

そんなある日の夕方です。いつものように、ウインドーのガラスに鼻をおしつけ、遠眼鏡をのぞいていると、とつぜんレンズのおくに明かりがともって、おじいさんがほくに向かって手招きしているのが分かりました。

たちまち、ぼくの心臓は、あらしの海のように波立ち始めました。夕日がのどから飛びこんだみたいに、体中が熱くなりました。

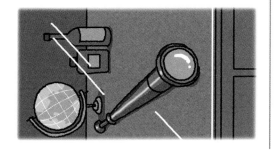

(1) 「遠眼鏡」はどこにあるのですか。（15点）

［　　　　　ある店の
（　　　　　　　）に
かざられている。　　　　　　　　］

(2) □□□□に合うことばを一つ選んで、○をつけましょう。（15点）

ア（　）むずかし
イ（　）何も期待して
ウ（　）だれ一人

(3) おじいさんに手招きされたとき、「ぼく」の体が熱くなったことを、どのようなたとえで表現していますか。（15点）

望遠鏡を指さして、ぼくは思い切って「□って」しまいました。

「？」

「それ、分かった。あの家だったり、遠くの遠めがねも、船首に手をやって、ぼくはそう言ったものの、

「世界の海を船出したいな。」

ちやほや、天国に年寄りになって、ちやほや

（一部省略）

「？」

赤犬は、ぼんやりと目の前に、静かな声で言いました。

「よし、黒い犬が来てくれたと思うことにして、ぼくは病気かな？」

おじいさんが来てくれたと思うことにして、

「よし、ぼくが来てくれたと思うことにして、もう一度、君と話が

赤犬は、お店の中にいると、すっと足で息を吸いこんで、レバーを開けて入ったのをそれでも、吸いこんで人ったのをそれでも、すっと足で息を吸いこんで、レバーを開けて入ったのをそれでも、地しんの地しんの地しんの

----

(6) 思い切って□って とありますが、これは本当にぼくの気持ちを表現したものと思われますか。どう考えてなんと言いましたか。
（20点）

68

(5) 「世界の海を回って」とありますが、この部分を別の言い方で、本文中から言いかえて書きぬきましょう。
（20点）

(4) 「もう一度、君と話ができる」とありますが、ぼくは、どんな反応をしましたか。
（15点）

35 完成テスト② 物語の読みとり(2)
・人物の気持ちと主題「海の命」

● 目標時間 30分

合格 100点 80点 0点

得点 ／100点

関連ドリル ●文章の読解 57〜68ページ

©くもん出版

★ 次の文章を読んで、下の問題に答えましょう。

一年がたった。太一は、村一番の漁師であり続けた。

ある日、太一はもぐり漁師のエウリ二十ぴきもの大物をついてくる。

瀬に着くと、太一はロープを体に巻いて、水に飛びこんだ。激しい潮の流れにもまれながら、ずんずん海底へ進んでいく。

やがて、太一は海草のゆれる穴のおくに、青い宝石の目を見た。ひとあわ、ふきあがった水のあわの中に、同じ所に同じ青い目がかがやいていた。

太一は銀色にかがやく魚の腹を見かけた。もりを持った右手に、息を吸ってもぐった。太一は銀色にかがやく魚の腹を見かけた。太一は海草のゆれる穴のおくに、不意に夢は実現するものだ。

追い求めているうちに、不意に夢は実現するものだ。

クエはふくらんだ黒い歯が並んで、灰色のくちびるは、ふいに動いたとしてもおかしくない。刃物のような歯が並んで、魚全体は見えないのだが、百五十キロはゆうにこえているだろう。

この魚がこの瀬の主なのかもしれない。太一は鼻づらに向かってもりをつき出すのだが、クエは動こうとはしない。そうしたままで時間が過ぎた。太一は、じりじりと追いつめられながら、もう一度もどってきた。

この大魚は自分に殺されたがっているのだと、太一は思ったほどだった。瀬の主は全く動こうとはせず、太一を見ているだけだった。

(1) アワビやサザエ、クエをとっていたのは、どういう漁師ですか。(10点)

〔　　　　　　　　　　　　　　　〕

(2) 太一は、何を「追い求めて」いたのですか。(15点)

〔　　　　　　　　　　　　　　　〕

(3) 太一が穴のおくに見た「この魚(瀬の主)」の大きさを、①たとえて表現している一文と、②具体的に表現している一文を書きましょう。(一つ10点)

① たとえの表現

〔　　　　　　　　　　　　　　　〕

② 具体的な表現

〔　　　　　　　　　　　　　　　〕

69

太一は興奮してふるえた。父を破った魚かもしれない。瀬（せ）の主（ぬし）を求めて村一番のもぐり漁師（りょうし）だった父もここで死んだ。太一はしばらく太（ふと）い足（あし）の銀（ぎん）色（いろ）のはらをじっと見つめたが、太一は冷静（れいせい）だった。

興奮していながらも、太一は冷静だった。大魚はこの海の命だと思えた。

もう一度えがおを作った。もりの刃先（はさき）を、むねびれにつき立てることは、本当は初（はじ）めから考えられなかった。

おだやかな目だった。この大魚は自分に殺されたがっているのだと、太一は思ったほどだった。時間が過（す）ぎて、太一はふと気（き）づくと、もりをつき出すかわりに、えがおを向けていた。

「おとう、ここにおられたのですか。また会いに来ました。」

太一はこう思うことによって、瀬の主を殺さないで済（す）んだのだ。

水の中で太一はふっと笑った。口から銀のあぶくを出した。この大魚は海の命だと思えた。

70

（4）──線⑤「こう思うことによって」とありますが、太一が「この魚を殺さないで済んだ」理由を説明している文に、「 」をつけなさい。（15点）

（5）──線④「泣（な）きそうになりながら」とありますが、太一が泣きそうになったのはなぜですか。次から一つ選んで、○をつけなさい。（10点）

ア（　）この魚を、どうしても殺せなかったから。

イ（　）この魚だけは、殺したくなかったから。

ウ（　）この魚を殺してしまったら、父のようになってしまうから。

（6）「水の中で太一はふっと笑った」とありますが、なぜ笑ったのですか。次の文の（　　）にあてはまる言葉を書きましょう。（15点）

（　　　　　　）の中で、（　　　　　　）の魚が生きられるように、殺したくなかったから。

（7）太一が「瀬の主をとらえたことにしよう。」と考えたのはなぜですか。（15点）

（　　　　　　）を（　　　　　　）の大魚（たいぎょ）に……。

36 基本テスト

説明文の読みとり(1)

・文章の内容「森林のはたらきと健康」

● 目標時間 30分

基本の問題のチェックだよ。
できなかった問題はしっかり学習してから
完成テストをやろう！

得点 [　　] 100点

関連ドリル ● 文章の読解 15〜24ページ

45点

全部できたら

文章の読解 15〜24ページ

〈細かい内容を読みとる〉

★ 次の文章を読んで、下の問題に答えましょう。

※ 1〜5は段落番号です。

1 森林に行って、空気をむねいっぱい吸いこんでみましょう。木の葉のにおいに気づくことでしょう。このにおいにも、私たちの体に効果的にはたらくことが、次のよ実験からわかってきたのです。

2 実験の準備として、森林でよく見かけるヒノキの葉からにおいを取り出します。枝や木の葉を細かくきざんでにつめる蒸発しやすい「におい物質」が、水蒸気と一緒に出てきます。これを冷やすと、におい物質が多くふくまれた液体ができます。「におい物質」とは、葉をちぎった時ににおうもので、森林のにおいのもとです。

3 まず、この液体を使ってハツカネズミで実験してみました。

4 十三匹のハツカネズミを四匹ずつ三つのグループに

(1) 森林で空気をむねいっぱいに吸いこむと、何に気づきますか。(15点)

[　　　　　　　　　　]

(2) 実験とありますが、実際の実験の内容はどの段落に書かれていますか。番号で答えましょう。(15点)

[　] 段落

(3) 「におい物質」とは、どのようなものですか。九字で答えましょう。(15点)

72

5

量を示しました。「い」のおりの「し」は、「に」のおりの「し」とくらべて、二倍に近い運動量を示しました。

ここでも、三日間の運転数を回ジーンをカネズミが動きます。たかにおうすに回して回ります。夜になると、運動量を測定するのに、ネズミは数カ所にただしいます。すなわち、ネズミは森林の中にすむのですが、そのうちの三つのおりに同じような三つの部屋のいちの部屋のおりをしています。森林の中に人れかえて、それぞれの部屋に置きますが、その強さの三つの部屋のおりの感じ

ネズミは、森林の中にすむ部屋を回転ジーンをそなえつけた部屋や、人のにおいをつけた部屋や、ネズミのにおいのする部屋など、状態のちがう三つの部屋を用意します。

だけで、飼育箱に一匹ずつ入れます。この回転ジーンをそなえつけた部屋です。たとえば飼育箱に一匹ずつ入れて、この回転ジーンを分けて、この回転ジーンの

（4）──線「三つの部屋」は、何がちがう部屋ですか。（15点）

（5）──線「夜行性」の説明になるように、（　）に合うことばを書きましょう。（一つ10点）

①（　）に活動する

②（　）ねている

性質のこと。

15〜24 ページ

文章の読解

全部できたら

（6）のち、「い」のおりのグループと「に」のおりの「し」とでは、どちらの運動量が多かったですか。（20点）

55点

37 完成テスト

●目標時間 30分

合格

●復習のめやす

基本テスト・関連ドリルなどで復習しよう！

100点 80点 0点

得点

100点

関連ドリル

●文章の読解 15〜24ページ

©くもん出版

★ 次の文章を読んで、下の問題に答えましょう。

※1〜5は段落番号です。

１ 森林に行って、空気をむねいっぱいに吸いこんでみましょう。ほのかな木の葉のにおいに気づくことでしょう。このにおいも、私たちの体に効果的にはたらくことが、次のような実験からわかってきたのです。

２ 実験の準備として、森林でよく見かけるヒノキの葉から、においを取り出します。枝や木の葉を細かくきざんでにつめると、葉の中にふくまれている蒸発しやすい「におい物質」が、水蒸気と一緒に出てきます。これを冷やすと、におい物質が多くふくまれた液体ができます。「におい物質」とは、葉をちぎった時ににおうもので、森林のにおいのもとです。

３ まず、この液体を使って、ハツカネズミで実験してみました。

４ 十二匹のハツカネズミを四匹ずつ三つのグループに

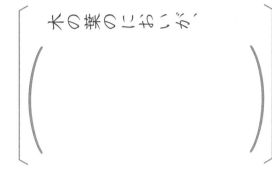

73

(1) 実験は、どんなことを知るために行うのですか。 (15点)

〔 （ 木の葉のにおいが ） 〕

(2) 「枝や木の葉を細かくきざんでにつめる」のは、何を取り出すためですか。 (15点)

〔 〕

(3) 実験の結果が書かれているのは、どの段落ですか。番号で答えましょう。 (15点)

 段落

量を示しました。「こに」の「ごに」のプールよりにさらに運動量を示しました。

⑤

三日間の回転ケージの運動量を比べてみると、「こに」のプールのそれは、昼は「ごに」のプールの約二倍の運動量を示しました。

このことからすると、ネズミは夜行性なので、夜には運動量が多くなり、昼にはそれが少なくなることが分かります。

その回数のカウントをネズミが鼻をケージへ入れてある中の森林に強いことをたしかめてみました。そのうち、森林の中のにおいと同じにおいの部屋へ入れると、その運動量を測定する回

この部屋に入れられたネズミは、程度におうこの部屋に入れると、森林の状態のこの部屋に入れると、森林の状態に近く、この部屋に

（5）──線「この状態」とは、どのような状態のことを指していますか。「……状態。」につづくように部屋で書きましょう。（20点）

部屋を一つずつに分けて、一匹ずつ入れます。それぞれの回転ケー

ジについて、回転数を分けて、それぞれの回転ケー

（4）──線「回転ケージ」は何のために必要なのですか。説明しましょう。（20点）

（6）実験の結果から分かりますが、

ア なんの部屋が必要であること。
イ なんの部屋にいる結果あること。
ウ 子備としてのなんの部屋を休ませて

（5）──線「なんの部屋が必要なのは」の状態を、あとのア～ウから一つ選んで、○をつけましょう。（15点）

74

基本の問題のチェックだよ。
できなかった問題は、しっかり学習してから
完成テストをやろう！

得点 /100点

●関連ドリル 文章の読解 71〜82ページ

©くもん出版

〈要点や要旨を読みとる〉

★ 次の文章を読んで、下の問題に答えましょう。

本物のイヌとロボットのイヌをよく見てください。本物のイヌは呼吸をしています。呼吸は、空気中の酸素を体に取り入れ、二酸化炭素を体から出すことです。えさを食べ、水を飲んで、尿やふんを体から出します。（一部省略）

ロボットはどうでしょう。動くためにはエネルギーが必要ですから、外から電池を入れなくなったら交換します。生き物と同じに見えますね。しかし、本物のイヌとロボットのイヌは本当に同じでしょうか。

あなたが飼っているイヌのチロが、にわとり肉を食べたと考えてみましょう。肉は、主としてタンパク質からできています。タンパク質は、アミノ酸という物質にまで分解されて、腸の中から吸収されます。そして、チロの体全体に運ばれて、そこで再びタンパク質に組みかえられます。ここで作られるのは、チロの体を作るタンパク質であって、にわとりのものではありません。（一部省略）

(1) この文章は、何と何を比べて説明していますか。（一つ10点）

　①（　　　　　）のイヌと
　②（　　　　　）のイヌ。

(2) 本物のイヌは「えさを食べ、水を飲んで」いますが、ロボットのイヌは外から何を入れますか。（15点）

[　　　　　　　　　]

(3) 筆者がこの文章で
問い
かけたいことを、初めの段落（だんらく）から探して、簡単（かんたん）に書きましょう。（15点）

[　　　　　　　　　]

全部できたら

文章の読解 71〜82ページ

50点

変化・成長はおこりません。

このように、身長も体重も赤ちゃんのときとは今ではちがいますね。あなたはべつの人と入れかわったのではなく、成長して今のあなたになったのです。からだをつくる物質は昨日と今日でちがっても、あなたはべつの人と入れかわったのではなく、体をつくりかえながら、一つの個体を保ちつづけてきたのです。

生き物はゆっくりと、毎日少しずつ体をつくる物質を作りかえながら自分のトを作っていきます。そのようにして体をつくりかえる生物は、体の一部を外から取り入れることで、体の一部が入れかわるのです。

たとえば、ラジコンボートの一部のモーターが決してこわれた場合、電池がイスになっても自分のトをつくりかえながら、一つの個体として保ちつづけてきたのです。ボートの一部のモーターが電池を取りかえても、自分の体が変わって、自分の体がモーターに入れかえます。電池を取りかえても、自分の体がモーターに入れかわるのと同じ。

(6)「ラジコンボートの一部が取り入れた自分のトだ。」

（　　　　）エ（　　　　）ウ（　　　　）イ（　　　　）ア（20点・全部できて）

ア なにもかもを、つけたものに
イ 月日をへて、成長しながらも
ウ 日にちをへて、月日をへて老い
エ なにもかも、とても一秒、同じで変化しない

(5) 生物について書かれています。〔　〕（15点）

(4) 外から生物の体の中に入れたものは何になりますか。〔　〕（15点）

〔　　　　〕成長しながら、一つの個体として（　　　　　　　　　）と。（15点）

71〜82ページ

全部できたら
50点

39 完成テスト① 説明文の読みとり(2)
・要点と要旨「生き物はつながりの中に」

目標時間 30分

合格 80点 100点 0点

●復習のめやす
基本テスト・関連ドリルなどで
しっかり復習しよう！

得点 100点

関連ドリル ●文章の読解 71〜82ページ

© くもん出版

★ 次の文章を読んで、下の問題に答えましょう。

本物のイヌとロボットのイヌをよく見てください。本物のイヌは呼吸をしています。呼吸は、空気中の酸素を体に取り入れ、二酸化炭素を体から出すことです。えさを食べ、水を飲んで尿やふんを体から出します。（一部省略）ロボットはどうでしょう。動くためにエネルギーが必要ですから、外から電池を入れ、なくなったら交換します。

生き物と同じに見えますね。しかし、本物のイヌとロボットのイヌは本当に同じでしょうか。

あなたが飼っているイヌのチロが、えさとり肉を食べたと考えてみましょう。肉は、主としてタンパク質からできています。タンパク質は、チロの胃で分解されて、アミノ酸という物質になります。そして、腸のかべから吸収されて、血管を通ってチロの体全体に運ばれて、そこで再びタンパク質に組みかえられます。ここで作られるのは、チロの体を作るタンパク質であって、ニワトリのものではありません。（一部省略）

(1) 最初の段落の要点を次のようにまとめました。（　）に合うことばを書きましょう。（一つ10点）

本物のイヌは
①（　　　　　）をし、えさを食べ、尿やふんを出す。ロボットは②（　　　　　）を入れ、なくなれば交換する。

(2) ロボットは、どういうことが「生き物と同じに」見えるのですか。（15点）

〔　　　　　　　　　〕

(3) タンパク質は、一度「アミノ酸という物質」に変わり、再びタンパク質になって何を作りますか。（15点）

〔　　　　　　　　　〕

変化・成長するというのは生物にとって大きな変化の特徴なのです。
通して、たえず成長しながら、あなたはあなたでしょう。身長も体重も、赤ちゃんのときとはくらべものにならないほど大きくなったはずですが、それでもあなたはあなたです。考えてみると、今のあなたとちょっと前のあなたは、一秒一秒変わっているのにもかかわらず、あなたはあなたですね。

なぜ、生き物はこんなに変わっても同じあなたなのでしょう。もっとも、生き物は毎日食べ物を食べています。食べているのは何のためでしょう。それは、食べ物を体の中に取り入れて、体を作るからです。生き物は生まれて、成長し、老いて、死にます。この間、体を作る物質は昨日と今日で同じではありません。全く同じではなくとも、自分の体を作るための材料を外から取り入れているのが生物の特徴なのです。

池にあるボートは、自分のボートの一部に外から取り入れることはできません。ロボットの場合、電池が生き物たちの自分の体にはなりえません。電池はロボットの自分の体になります。電池が電池であるうちは、電池はロボットの自分の体になりえません。電池が決して「なくなった」ことを表している、電池が決して「なくなった」ことを表している、というところが、ロボットと生物の決定的にちがうところなのです。

（４）「電池が、決して「なくなった」ことを表しているのは、ロボットをつなくしている、電池が、決して「なくなった」ことを表しているのは、ロボットの体に変わる
」ということを表しているのは、ロボットの体に変わるということを、簡潔に答えましょう。（15点）

（５）「一秒一秒変わっているのにもかかわらず、あなたはあなたですね。」とありますが、どういうことですか。簡潔に答えましょう。（20点）

（６）「なたとは、ちがう「自分」が、あなたではない特徴があるのは、ロボットが、変化してもから、生物にはあたしという特徴。（15点）

78

● 目標時間 30分

合格 80点

得点　　100点

● 復習のめやす
基本テストや関連ドリルなどで復習しよう！

● 文章の読解 71～82ページ

© くもん出版

★ 次の文章を読んで、下の問題に答えましょう。

1 イースター島は、豊かな森林の恩恵を受けて、高度な技術を持つ巨石文化が栄えた。西暦一五〇〇年ごろには、人口は七千人に達していたと推定されている。

2 しかし、その繁栄は決して長くは続かなかった。大きな木が切り出されてしまったからである。

3 森林から太い木を伐採したとしても、新しい芽が出たら、森林には常に生長に必要な材木を持続的に供給し続けられたはずである。しかし、イースター島ではヤシの木の森林が再生することはなかった。

4 人間とともに島に上陸し、野生化したラットが、ヤシの木の再生をさまたげたらしいのだ。

5 ラットは、人間以外の哺乳動物のいないこの島で、競争相手も天敵もいなくて、爆発的に増えたために、ヤシの新しい木が芽生えて育つことができなかったためだ。そのラットたちが、ヤシの実を食べてしまったのである。

6 このようにして、三万年もの間自然に保たれてきたヤシ類の森林は

(1) イースター島の「巨石文化」とは、どのような文化でしたか。(一つ5点)

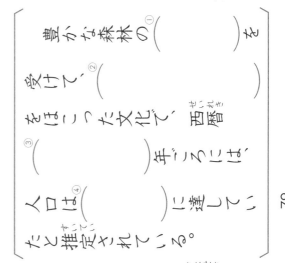

豊かな森林の①（　　　　　）を受けて②（　　　　　）をはった文化で、西暦③（　　　　　）年ごろには、人口は④（　　　　　）に達していたと推定されている。

(2) イースター島の「巨石文化」が長く続かなかったのはどうしてですか。2の段落のことばで書きましょう。(10点)

(3) イースター島のヤシの木の森林が再生しなかった理由が具体的に述べられているのは、1～10のどの段落ですか。(10点)

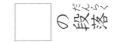
□の段落

10 全てはたいように、次から次へと人々の高度な技術も生態系は自然の利用方法を誤りであり、悲惨（ひさん）な傷つけ、生態系は自然の利用方法を誤りであり、それは誤りますので、島の歴史だ、すなわち豊かな自然といて運命をたどり、同健……

たいようわたしたちに支配やたちのイースター発達から豊かな自然を減少していく食

9 なように、漁に必要な船を作るための材木がなくなっていったのである。このため、やがて島の人口も合わせておよそ一万人ほどあったこの島の人口も、だんだんと減少していった。最も深刻（しんこく）な食料をめぐっての争い

8 されてしまうものである。繁栄（はんえい）がもたらされた森林はもとにもどすのに三百年もかかる。農業生産や漁は、豊かな森林や土地があってこそ成り立つものである。森林がなくなれば土地もやせ、雨や風によって流され、島の過去の

7 たちまちやってくる。たとえば陸上に生息する動物や森林も、それは完全後である。たとえ人間の手によって破壊された森林はもとにもどすのに三百年もかかるという。それは人間の直接、間接に生態系は破

あるとき、森林が破壊（はかい）されると、生態系は

次の 10 の文章の段落の要旨（ようし）として、続けて書きましょう。
「このことは、（　　　　　）ことを、わたしたちに教えてくれました。」
〔　自然の利用方法を誤り　〕
（10点）

(6)

(5) この 10 の文章は、どのような島をおさえてしたか。
④ （　　　　　　　　　）の島を、（　　　　　　）。
③ 人間が持ちこんだ外来の（　　　　）と、（　　　　）
② 人間が持ちこんだ動物と、にげこんだ人間
① にげこんだ動物と、人間
（一つ10点）

(4) 三万年も……これはやがて人類の間で自然保護が何にもどされてしまって

基本の問題のチェックだよ。
できなかった問題はしっかり学習してから
完成テスト をやろう！

得点 ／100点

関連ドリル ●文章の読解 85〜88ページ

©くもん出版

〈詩の内容と様子を読みとる〉

1 次の詩を読んで、下の問題に答えましょう。

40点

全部できたら 🌸

文章の読解 85〜88ページ

　　　　　未知く

わたしが響いてくる
透明な殻の中で響いてくる
ありったけ響いてくる
外はもうすぐ春らしい

わたし響いてくる
痛いほど響いてくる
あふれるほど響いてくる
もうすぐわたしは割れるのだ

わたしが響いてくる
おもてくるだましで響いてくる
まだ見たこともない山や胸をときめかせて
わたしが響いてくる

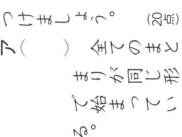

(1) この詩には、形のうえで、どんな特ちょうがありますか。合うものを一つ選んで、○をつけましょう。(20点)

ア（　）全てのまとまりが同じ形で始まっている。

イ（　）全部で四つのまとまりに分かれている。

ウ（　）まとまりごとに別の季節をたとえている。

(2) 「透明な殻」の中にいるのは、だれですか。(20点)

〔　　　　　　　　　　　〕

（平成27年度版 光村図書 国語六 創造
178・179ページより「未知く」村松 創造
信子）

2 次の詩を読んで、下の問題に答えましょう。　〈詩の内容を読み取る②〉

もう支度はできましたか
どんな支度でしたか

気がひきしまって
そわそわと
浮かぬ

幸福も夢も希望も
匂いのなかに

新しいものの匂い
新しい事地の匂い

真新しい
真新しい春の着地
これは何の匂いでしょう

これは何の匂いでしょう
支度のとき

(1) この詩は、どんなときのことを書いた詩でしょう。　（20点）
（　　　　　　　　　　　　　　）

(2) 「春の匂い」とは、何のことでしょう。一行で書きぬきましょう。　（20点）
（　　　　　　　　　　　　　　）

(3) この詩の支度とは、何の支度でしょう。正しいと思うものを一度だけ選んで、○をつけますか。　（20点）

ア （　） 旅行に行くための支度

イ （　） 人回りのしょう。

ウ （　） 引っ越し別の場所へ新度く行きした度身がた出かけ

文章の読解
85〜88
ページ

全部
できたら

60点

42 完成テスト
⏱目標時間 30分

詩の読みとり
「未知く」「支度」

ⓒくもん出版

合格
100点
80点
0点

●復習のめやす
基本テストがつかえなかったら、関連ドリルなどでもう一度復習しよう！

得点
100点

関連ドリル
●文章の読解 85〜88ページ

1 次の詩を読んで、下の問題に答えましょう。

未知く

わたしが響いている
透明な殻の中で響いている
ありったけ響いている
外はもうすぐ春らしい

わたしが響いている
痛いほど響いている
あふれるほど響いている
もうすぐわたしは割れるのだ

わたしが響いている
おもてくにだまして響いている
まだ見たこともない山へ胸をときめかせて
わたしが響いている

（平成27年度版 光村図書 国語六 創造
178・179ページより「未知く」木村信子）

(1) 「わたしが響いている」のはなぜですか。（ ）に合うことばを書きましょう。（一つ10点）

① (　　　　　　　　)から
外へ出ようとして
もうすぐ②(　　　　　　)
ことを望んでいるから。

(2) 「おもてくにだまして」はどんな気持ちを表現していますか。合うものを一つ選んで、○をつけましょう。（15点）

ア（　）じょうぶな殻の中で安心していた気持ち。

イ（　）外へ出ることの不安をはずかしく思う気持ち。

ウ（　）すぐにも外へ出たくてたまらない気持ち。

(3) 「これから先の人生で出会うもの」を表していることばを書きぬきましょう。（15点）

83

2 次の詩を読んで、下の問題に答えましょう。

どんなの支度は
しましょう

だれにいただいた
ものなのか

浮かぶ

幸福も
夢も
希望も

匂いのなかに

新しい匂いの
新しい春が着地した
真新しい匂い
真新しい匂い

これは何の匂いでしょう
これは匂いでしょう

支度

（1）「新しい」ということばの始まりを漢字一字で表して書きましょう。（15点）□

（2）「新しい匂い」とは、どんな感じがするものでしょう。この詩の中から、三つぬき出して書きましょう。（全部できて20点）

（3）「気がつく」とありますが、この詩にこめられた気持ちとして、いちばんよいと思われるものを一つえらんで、○をつけましょう。（15点）

ア（　）しょうらいの支度をしっかりしておくことが大切だということ。

イ（　）支度だけではなく、準備することにも気を配りたいということ。

ウ（　）いろいろのことに気を配り、じゅんびを整えておくということ。

もうすでに支度はできているので、あとは気持ちよく直すべきところは直すべきところがあれば配ることだ。

84

合格
100点 80点 0点

● 復習のめやす
基本テストなどで
しっかり復習しよう！

得点

100点

© くもん出版

1 次の読み方をする漢字を□に書きましょう。 (一つ2点)

(1) しお { からい味。
風が□ふく。

(2) おさ(める) { 本箱に□める。
税を□める。

(3) うつ(る) { 鏡に□る。
席を□る。

(4) あたた(かい) { □かい家庭。
□かい毛布。

2 次の意味に合う熟語を、──線の漢字を使って□に書きましょう。また、その熟語の読み方も（ ）に書きましょう。 (一つ3点)

(1) 点を得る。 …… □□（ ）

(2) 列を整える。 … □□（ ）

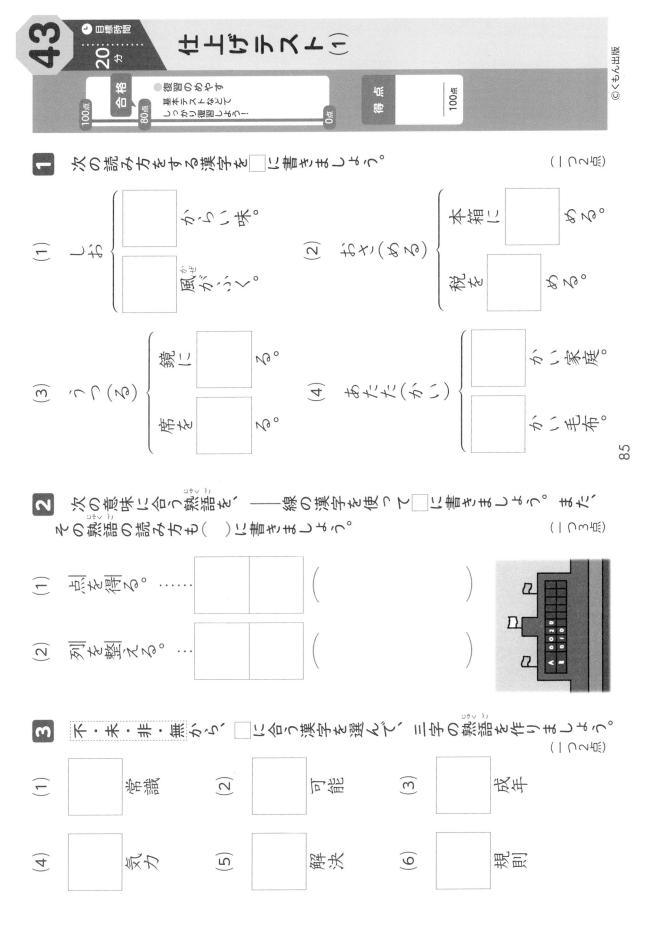

3 不・未・非・無 から、□に合う漢字を選んで、三字の熟語を作りましょう。 (一つ2点)

(1) □常識

(2) □可能

(3) □成年

(4) □気力

(5) □解決

(6) □規則

85

6 次の――線のことばを、尊敬語（そんけいご）か、けんじょう語のどちらかの特別な語を使った文に書きかえましょう。 (1つ6点)

(1) 先生から、お手紙を<u>もらった</u>。………

（　　　　　　　　　　　　　　　）

(2) 先生が旅行先での注意を<u>言った</u>。…

（　　　　　　　　　　　　　　　）

(3) お客様が、ゆうべに夕飯を<u>食べた</u>。

（　　　　　　　　　　　　　　　）

(4) ぼくは、先生に意見を<u>言った</u>。……

（　　　　　　　　　　　　　　　）

(5) 父のお客様が家に<u>来る</u>そうだ。……

（　　　　　　　　　　　　　　　）

5 次の〔　〕のことばを主語にして、使役（しえき）の文に書きかえましょう。 (1つ6点)

(1) 田中くんは意見を発表した。〔先生〕

（　　　　　　　　　　　　　　　）

(2) 兄は高い所に荷物を置いた。〔母〕

（　　　　　　　　　　　　　　　）

4 次の――線のことばを主語にして、受け身の文に書きかえましょう。 (1つ6点)

(1) <u>知らない人</u>が、父に道をたずねた。

（　　　　　　　　　　　　　　　）

(2) <u>しん判の人</u>が、選手に注意した。

（　　　　　　　　　　　　　　　）

(3) 先生が<u>係の人</u>にボールをわたした。

（　　　　　　　　　　　　　　　）

★ 次の文章を読んで、下の問題に答えましょう。

結局、私たちは、一人一人別々の心をかかえ、相手のことなどわからないまま生きていくしかないのだろうか。つまり、人と人は、永遠に理解し合えないのだろうか。

そうではない、とぼくは思う。

▢▢▢、君と友達が、好きなアニメについて夢中になって話しているとしよう。君が、「あの登場人物は、こういうところがいいよね。」と言うと、友達も、「そうそう。」とそれに「こういうところもいいよ。」と言葉を返してくる。君が「前回の話はおもしろかったよね。」と言えば、友達は「あそこがよかったよね。」と返してくるだろう。そのように、二人で「言葉のキャッチボールをしている時、君は、友達が君と同じようにこのアニメが大好きで、うれしくて気持ちをはずませていることを、疑いはしないだろう。

もちろん、相手がうれしがっている

(1) 筆者がこの文章で問いかけていることは、どういうことですか。
(20点)

（　　　ということ。）

87

(2) ▢▢▢にあてはまることばを一つ選んで、○をつけましょう。
(15点)

ア（　　）けれども
イ（　　）例えば
ウ（　　）しかも
エ（　　）いっぽう

(3) 「君」が話したいことに対して、「友達」が答えるような、言葉のやりとりを、何とよんでいますか。
(15点)

〔　　　　　　　　　　　　　　　　　〕

を伝えることはできたとしても、それがどのような受け取られ方をしているか、私たち

言葉や表情だけでは、相手の気持ちの細かいところまでは少ししか感じ取れないのだ。この気持ちのすれちがいを、私たちはみんな、「つたえる」ということがむずかしいと感じているのだ。

自分の気持ちを知ってもらいたいと思い、いっしょうけんめい言葉を選んで話しているつもりでも、それがどのように受け取られているかはわからない。おたがいに自分の気持ちを知ってもらいたいと思い、話し合っているのに、どうしてもそれがかみ合わないということもある。

（一部省略）

感じていることもまたちがう。それぞれの感じ方がちがう。それは、自分と相手が同じ一人の人ではなく、それぞれちがう人間であるということだ。このことは、夢中になって話をしている最中には、わすれてしまっている可能性がある。人と人が

(4) 「それぞれの感じ方がちがう」とありますが、それはどういうことに気づかせますか。「それぞれの感じ方がちがう」ということは、どういうことだと言っていますか。 (20点)

(5) 「相手の気持ちの細かいところまで」とありますが、これはどの部分のことですか。相手の気持ちを知るには、「　　　　」だけでは十分ではないということ。 (15点)

(6) この文章で筆者が述べていることに合うものを一つ選んで、○をつけましょう。 (15点)

ア（　）人と人とが理解し合う。

イ（　）人を知ることは、人を理解し合うということ。

ウ（　）解がちがうことは、人と人とが同じに理解し合うことはできないということ。なぜなら、人と人とは、感じ方がちがっているからだ。

答えと考え方

● この本では、文章の中のことばを正解としています。似た言い方のことばで答えてもかまいません。
● ポイント は、考え方や注意点などです。答え合わせをするときに、いっしょに読みましょう。
● 〈 〉や※はほかの答え方です。
● （ ）は答えに書いてもよいものです。
● 例の答えは、似た内容が書けていれば正解です。

1　1・2ページ　五年生の復習(1)

1 (1)シ・か (2)米・ぶん (3)穀・せい
(4)飲・し (5)せ・じう (6)ガ・はん

2 (1)｛(3)(4)(1)(5)(2)｝ (2)｛(4)(2)(5)(1)(3)｝ (3)｛(4)(1)(2)(5)(3)｝

3 (1)① (2)ウ (3)ア (4)エ (5)オ
(6)ウ (7)ア (8)エ

4 (1)宿題が早く終わっただ。だから、外へ遊びに出かけた。
(2)父をむかえに駅に行った。しかし、人が多くて見つけられなかった。

5 (1)申し上げた (2)めしあがった
(3)うかがった

6 (1)ととゆう人が、招かれて来た。
(2)学校の前のとおりを勢いおおよく。
(3)確めるように、うなずいた。
(4)必ず湯のみちゃわんを。

2　3・4ページ　五年生の復習(2)

★ (1)①鉱石
②きびしさ
(2)例 宗教の本に深く感動したから。
(3)野山をかけめぐり、地質や土の科学調査と実験に打ちこんだ。
(4)石や土の不思議な模様をながめた。

(5)イ に○
(6)例 （人間と人間以外をふくめ）だれもが仲良くくらせる世界。

3　5・6ページ　漢字の読み書き(1)

1 (1)｛おさな・ようちゅう｝ (2)｛おう・きん｝
(3)｛おさ・かいしゅう｝

2 (1)穴 (2)尺 (3)冊 (4)干 (5)己 (6)訳
(7)宙 (8)反

3 (1)収 (2)危 (3)幼 (4)忘

4 (1)片道 (2)死亡 (3)収入 (4)列冊
(5)県庁 (6)寸法 (7)危険 (8)通訳
(9)宗教 (10)処理 (11)仁術 (12)宇宙

4　7・8ページ　漢字の読み書き(1)

1 (1)｛す・きゅうにゅう｝ (2)｛いま・こん｝
(3)｛こだ・しきゅう・とうじ｝

2 (1)我 (2)机 (3)系 (4)私

3 (1)至 (2)困

4 (1)自宅 (2)否定 (3)私有 (4)系列
(5)至急 (6)存在 (7)皇后 (8)批判
(9)生存

5 (1)住宅地 (2)吸収力 (3)家系図
(4)親孝行 (5)天皇陛下

© くもん出版

90

5 完成テスト 9・10ページ 漢字の読み書き(1)

1 (1)困る (2)危ない (3)幼い (4)忘れる (5)至る

2 (1)約・訳 (2)刊・干 (3)径・経・系 (4)治・収

3 (1)効・孝 (2)資・飼・私 (3)比・批・否

4 (1)典 冊 (2)序 庁 (3)炭 灰 (4)功 幼 (5)宗 宇 (6)陸 陛

6 基本テスト① 11・12ページ 漢字の読み書き(2)

1 (1)みだ らんぼう (2)きざ じこくひょう (3)こども そな ていきょう

2 (1)枚 (2)沿 (3)呼 (4)宝 (5)卵 (6)株 (7)乳

3 (1)並 (2)若 (3)供 (4)乱 (5)届 (6)刻

4 (1)牛乳 (2)拡大 (3)忠告 (4)沿線 (5)垂直 (6)延長 (7)呼吸 (8)参拝 (9)担任 (10)誕生

7 基本テスト② 13・14ページ 漢字の読み書き(2)

1 (1)すなば さ (2)あら せん (3)うつ えいぞう (4)すがた しせい

2 (1)泉 (2)巻 (3)紅 (4)恩 (5)砂

3 (1)染 (2)洗 (3)映

4 (1)紅茶 (2)改革 (3)地域 (4)専門 (5)温泉 (6)宣伝 (7)砂場 (8)看板 (9)姿勢 (10)映画 (11)演奏

8 完成テスト 15・16ページ 漢字の読み書き(2)

1 (1)並べる (2)若い (3)供える (4)乱れる (5)届ける (6)染める (7)刻む (8)映る

2 (1)故・個・呼 (2)格・拡 (3)巻・看

3 (1)演・沿・延 (2)単・誕・担 (3)専・宣・洗

4 (1)乗 垂 (2)素 奏 (3)束 革 (4)券 巻 (5)株 枚 (6)域 城

9 基本テスト① 17・18ページ 漢字の読み書き(3)

1 (1)せなか はいけい (2)ふ こうすいりょう (3)はら くうふく (4)い はんしゃ (5)たてが じゅうだん

2 (1)除 (2)降 (3)従

3 (1)背 (2)骨 (3)肺 (4)蚕 (5)縦 (6)針

4 (1)立派 (2)空腹 (3)度胸 (4)座席 (5)法律 (6)注射 (7)将来 (8)頭脳 (9)単純 (10)値段

10 基本テスト② 19・20ページ 漢字の読み書き(3)

1 (1)す けいざい (2)す ししゃ (3)おさ のうぜい (4)こと いへん

2 (1)盛 (2)班 (3)済 (4)異

3 (1)捨 (2)納

4 (1)班長 (2)俳句 (3)視線 (4)経済
(5)神秘 (6)推測 (7)明朗 (8)異常
(9)政党 (10)検討

5 (1)朗読会 (2)推理小説 (3)展示会
(4)郷土料理 (5)納品書 (6)四捨五入

11 完成テスト　21・22ページ　漢字の読み書き(3)

1 (1)除く (2)捨てる (3)降りる
(4)従う (5)済ませる

2 (1)老・労・朗 (2)判・班
(3)断・段 (4)修・納

3 (1)復・腹 (2)統・党・討
(3)背・肺・俳

4 (1){派/脈 (2){値/植 (3){険/除
(4){届/展 (5){胸/脳 (6){従/縦

12 基本テスト①　23・24ページ　漢字の読み書き(4)

1 (1){さが/たんけん (2){つと/きんむ
(3){いただ/ちょうじょう (4){とし/へいか

2 (1)恣 (2)詞 (3)策 (4)割

3 (1)閉 (2)探 (3)訪 (4)勤 (5)裁

4 (1)食欲 (2)頂上 (3)翌日 (4)訪問
(5)貴重 (6)署名 (7)著者 (8)遺産
(9)郵便 (10)筋肉 (11)秘密 (12)発揮

13 基本テスト②　25・26ページ　漢字の読み書き(4)

1 (1){いた/くつう (2){みなもと/しげん
(3){おさな/りっこう (4){おだ/おんだん
(5){そな/うやま

---

2 (1)晩 (2)樺 (3)善 (4)絹

3 (1)暖 (2)痛 (3)補 (4)敬 (5)尊

4 (1)傷口 (2)創作 (3)民衆 (4)装置
(5)聖書 (6)改善 (7)警察 (8)誠実
(9)資源 (10)運賃 (11)蒸発 (12)就職

14 完成テスト　27・28ページ　漢字の読み書き(4)

1 (1)閉める (2)探す (3)痛い (4)補う
(5)訪ねる (6)勤める (7)裁く (8)敬う

2 (1)現・減・源
(2)経・警 (3)温・暖

3 (1)沿・沿・翌
(2)収・就・衆
(3)奏・創・装

4 (1){貴/貴 (2){賃/賃 (3){専/専
(4){装/製 (5){密/恣 (6){著/署

15 基本テスト①　29・30ページ　漢字の読み書き(5)

1 (1){もけい/だいほ (2){まく/ぶ

2 (1)裏 (2)層 (3)劇 (4)熟

3 (1)認 (2)疑 (3)暮 (4)誤

4 (1)内閣 (2)開幕 (3)諸島 (4)穀物
(5)規模 (6)磁石 (7)心臓 (8)疑問
(9)熟語 (10)故障 (11)誤解 (12)連盟

5 (1)冷蔵庫 (2)週刊誌
(3)選挙権

16 基本テスト②　31・32ページ　漢字の読み書き(5)

1 (1){ふる/こうふん (2){はげ/かんげき
(3){むずか/こんなん (4){きび/げんじゅう
(5){ちぢ/しゅくしょう (6){しお/まんちょう

右ページ群

4
(1) 弱
(2) ① 暗 ② 転
(3) 競
(4) 増

[18] 基本テスト 35・36ページ　熟語の組み立て・ことばのきまり(1)

1
(1) み
(2) ① ゆ ② しゅく
(3) すなば
(4) ウ
(5) エ
(6) ちょう
(7) は
(8) イ・ア

2
(1) 不
(2) 未
(3) 未
(4) 非
(5) 無
(6) ウ

3
(1) 熟湯
(2) ① 熱 ② 湯

4
(1) ① 修学旅行・例 陸に着く。
② 体温・例 体の温度。
③ 熱湯・例 熱い湯。
(2) ※ (1)(2)対でも(1)(2)の反対でもよい。

---

[17] 完成テスト 33・34ページ　漢字の読み書き(5)

1
(1) 論
(2) 認
(3) 縮と
(4) 疑
(5) 認める
(6) 縮む
(7) 激し
(8) 難し
(9) 誤る
(10) 厳し

2
(1) 暮
(2) 幹
(3) 激
(4) 潮

3
(1) 憤
(2) 優
(3) 権

4
(1) 討議
(2) 装
(3) 糖
(4) 臓
(5) 憲

[17] 4
(1) 優勝
(2) 興奮
(3) 鋼鉄
(4) 難
(5) 縮
(6) 鋼
(7) 厳
(8) 激
(9) 警法
(10) 縮図
(11) 簡単
(12) 縦

3
(1) 街路樹
(2) 討論会
(3) 衝撃
(4) 展覧会
(5) 厳重

2
(1) 潮
(2) 糖
(3) 簡単
(4) 難問
(5) 砂糖

左ページ群

2
(1) ① 姉は花の絵をかいた。
② 姉は花の絵をかいた。
(2) ① あの星は北極星だ。
② あの星は北極星だ。

1
(1) ① 助
(2) ① あの星は北極星だそうだ。
② あの星は北極星だそうだ。

[21] 基本テスト 41・42ページ　ことばのきまり(2)

1
(1) ① 助
(2) ① あの星は北極星のようだ。
② 姉が花の絵をかいているようだ。

5
(1) 非
(2) 未
(3) 不
(4) 無
(5) 非
(6) 無
(7) 未
(8) 不

4
(1) ウ
(2) オ
(3) イ
(4) ア
(5) ウ
(6) エ
(7) カ
(8) イ

3
(1) 室内・練習
(2) 延期・洗顔
(3) 市立・図書館
(4) 交通安全週間
(5) 利用者

2
(1) 強
(2) 低
(3) 勝
(4) 預金
(5) 善
(6) 得

1
(1) 強
(2) 低
(3) 勝
(4) 納税
(5) 善
(6) 得

[20] 完成テスト 39・40ページ　熟語の組み立て・ことばのきまり(1)

5
(1) 社会科研究発表会
(2) 文科系
(3) 港に入る。
(4) 球を投げる。国に帰る。

4
(1) 都道府県
(2) 図書編集委員会
(3) 高校入試
(4) 国連反対で
(5) 特急世界

3
(1) 高校
(2) 学割
(3) それぞれ
(4) 国連
(5) 特急

[19] 基本テスト 37・38ページ　熟語の組み立て・ことばのきまり(1)

1
(5) ─────
(4) ─────
(3) ─────
(2) ─────
(1)

(オ)(エ)(ウ)(イ)(ア)

2
(1) 上中下
(2) 衣食住
(3) 科学的

4
(1) 編集
(2) 学割
(3) 高校

3
(1) 新製品
(2) 安全性
(3) 銀世界

© くもん出版

3 (1)宝石 (2)鏡 (3)ねこ (4)かえる

4 (1)見えた　光が。
(2)読みなさい　本を。
(3)歩こう　向こうまで。

5 (1)追いかけさせた　(2)開けさせた

22 基本テスト② 43・44ページ　ことばのきまり(2)
・いろいろな表現・短歌と俳句

1 (1)エ (2)ア (3)イ (4)ウ

ポイント
(4)は、「食べ物と飲み物とか。」が正しい表現だね。

2 ①日本独特 ②三十一音 ③十七音 ④季語

3 (1)イ (2)ア に○

4 (1){(一)(二三)} (2){(一)(二三)} (3){(三五一)(四二三)(四)} (4){(四一)(五二四)(三五)}

5 (1)雪とけて・春 (2)夏河・夏 (3)赤とんぼ・秋

23 完成テスト 45・46ページ　ことばのきまり(2)
・いろいろな表現・短歌と俳句

1 (1)聞 (2)お (3)○ (4)聞 (5)お
2 (1)雲(のような)
(2)人が立っている姿(のようだ)
3 (1)テストの結果は、先生に発表された。
(2)幼い妹は、母に手を引かれた。
4 (1)兄は、弟に泣くのをやめさせた。
(2)父は、わたしに庭の草葉のそうじをさせた。
5 (1){(二三)(一二)(一)} (2){(三)(一)(二)} (3){(五二)(五一)(一一)(三四)} (4){(三二)(一一)(四三)(五一)}

6 (1)夕だち・夏 (2)名月・秋
(3)蝉・夏 (4)すみれ草・春

24 基本テスト① 47・48ページ　ことばのきまり(3)
・敬語

1 (1)イ (2)ア (3)イ (4)ア に○
2 (1)①話される ②書かれる
③行かれる ④待たれる
(2)①お作りになる ②お帰りになる
③お寄りになる ④お歌いになる
(3)①なさる ②いらっしゃる
3 (1)①お読みする ②お選びする
③お包みする ④お配りする
(2)①申す〈申し上げる〉
②参る〈参上する・うかがう〉
4 (1)します (2)でしょう (3)しましょう
5 例(1)こうしました (2)おっしゃった
(3)ご覧になった (4)めしあがった
(5)こうしました

25 完成テスト 49・50ページ　ことばのきまり(3)
・文字の由来

1 (1)エ (2)ア (3)イ (4)ウ (5)ア (6)エ
2 (1)雨・門 (2)上・末 (3)男・鳴 (4)板・晴
※(1)〜(4)は、それぞれ反対でもよい。
3 (1)ア (2)イ (3)ア (4)イ に○
4 (1)手 (2)人 (3)水 (4)草
5 (1)金・こう (2)ろ・せん (3)言・せい
(4)門・かく (5)阝・しょう
(6)言・けい (7)月・ぞう (8)扌・ひ

26 完成テスト 51・52ページ　ことばのきまり(3)
・敬語・文字の由来

1 (1)○ (2)例うかがった (3)例申し上げた
(4)○ (5)例教えてくださった (6)○
2 (1)参ります〈うかがいます〉
(2)めしあがった (3)こうしました
(4)くださった (5)なさった
(6)おっしゃった

27 ・作文・文章の組み立て(1)
53・54ページ
基本テスト

★
(1) イ
(2) ウ
(3) イ

1
(1) 2
(2) 1
(3) 3

2
(1) 1
(2) 2
(3) 3

3
(1) 例 先生は説明をなさった。
(2) 例 先生は日曜日に家をるす にされる。
(3) 例 先生はくわしく本を見せて くださる。

4
(1) 例 母は家へ帰る。
(2) 例 わたしはケーキを食べる。
(3) 例 本を見る。
(4) 例 家へ帰った。
(5) 例 本を見せてくださった。
(6) 例 弟はケーキを食べた。

5
(1) 例 音楽は、手や体をつかうこ とに関係がある。
(2) 例 胸は、体の部分に関係があ る。
(3) 例 ラッパは、楽器に関係があ る。
(4) 例 金属は、金ぞくに関係があ る。
(5) 月 例 一週間に関係がある。

28 ・作文・文章の組み立て(1)
55・56ページ
完成テスト

★
(1) ア
(2) ウ

1
(1) 1
(2) 2
(3) 3

2
(1) 2
(2) 1
(3) 3

(1) 胸の音
(2) ラッパ
(3) 楽器
(4) 例 はげしくなった。(。)

29 ・作文・主文の書き方(2)
57・58ページ
基本テスト

★
(1) ア

(2) ウ

(3) 例 小学校に入って、一年生を むかえることができて楽し かった。

(4) 例 わたしは、今度はたからも のをさがしてみたいと思う。

(5) 例 むかえがあってよかった。

30 ・作文・主文の書き方(2)
59・60ページ
完成テスト

★
(1) イ

(2) (ア) 放送
(イ) アンケート

(3) 例 取材の方法を、みんなにアン ケートを取るやり方に変えた。

(4) 例 町角で世話をする人たちに 取材する。

1
(1) 1
(2) 2
(3) 3
(4) 世話
(5) 町角

2
(1) 1
(2) 3
(3) 2
(4) 2

31 ・物語の読みとり(1)
場面の様子
61・62ページ
基本テスト

(1) ア
(2) 石津
(3) ア

(4) 例 言葉が自然に首の中にあ ふれてくる。

(5) 例 よい気持ちになれた。

(6) 例 出会えた。

32 ・物語の読みとり(1)
場面の様子
63・64ページ
完成テスト

(1) ア

(2) 何魚

(3) 例 何魚がいるんだろうと取り たかったから。

(4) イ

(5) ウ

(6) 三 例 ひをつけて、声も出さず、 居す へ

33 ・物語の読みとり(2)
人物の気持ちと主題
65・66ページ
基本テスト

★
(1) 遠眼鏡
(2) 望遠鏡
(3) 双眼鏡

(1) イ
(2) ア
(3) ア
(4) 例 兄に天に
(5) 例 おにわかに光景を見ていま したが
(6) から おそるしく

★
(1) 遠眼鏡
(2) お①せん②お答

(3) 例 あやしい人

(4) 黒い海

(5) 例 ふとあることを思い出した から、

(6) 遠眼鏡(望遠鏡)の回る世界の 海のあらしをしてしたこと。

34 完成テスト① 67・68ページ 物語の読みとり(2) ・人物の気持ちと主題

★(1) ウインドー
(2) ウ に○
(3) 夕日がのどから飛びこんだみたいに
(4) 例 なんと返事してよいか分からず、犬のことをたずねた。
(5) わしにとっても船が自分の家だった。
(6) 例 ウインドーの遠眼鏡を、見せてほしい。

35 完成テスト② 69・70ページ 物語の読みとり(2) ・人物の気持ちと主題

★(1) 例 父を最後にもぐり漁師がいなくなったから。
(2) 例 村一番のもぐり漁師だった父を破った瀬の主。
(3)① 岩そのものが魚のようだった。
　②全体は見えないのだが、百五十キロはゆうにこえているだろう。
(4) 例 瀬の主は全く動こうとはせずに太一を見ていたから。
(5) ウ に○
(6) 例 (漁師だった)父

ポイント

太一は、この大魚(瀬の主)に向かって「おとう、ここにおられたのですか」と言っている(思っている)ことから考えればいいね。

(7) 例 この海の命

36 基本テスト 71・72ページ 説明文の読みとり(1) ・文章の内容

★(1)(ほのか)木の葉のにおい
(2)④
(3) 森林のにおいのもと
(4) におい(の強さ〈ニオイ〉)
(5)①昼 ②夜
(6)「ウッにおい」のグループ

37 完成テスト 73・74ページ 説明文の読みとり(1) ・文章の内容

★(1) 私たちの体に効果的にはたらくこと。
(2) におい物質(森林のにおいのもと)
(3)⑤
(4) 例 ハッカネズミの運動量を測定するため。
(5) ア に○
(6) 例 森林の中のにおいのほうが、最も運動しやすく、にすぎると運動にくにということ。

38 基本テスト 75・76ページ 説明文の読みとり(2) ・要点と要旨

★(1)①本物 ②ロボット
※①②は、反対でもよい。
(2) 電池
(3) 例 本物のイヌとロボットのイヌは同じか。
(4) 自分の一部
(5) ア・ウ に○
(6) 時間をこえてつながっていること

39 完成テスト① 77・78ページ 説明文の読みとり(2) ・要点と要旨

★(1)①呼吸 ②電池
(2) 例 外からエネルギーを取り入れなくなったら交換すること。
(3) チロの体
(4) 生き物
(5) 例 体を作る物質が、いつでも入れかわって同じではないから。

42 完成テスト 83・84ページ 詩の読みとり

1
(1)
(2)①透明な殻の中 ②割れる
(3)ウ
まだ見たこともないような
山に

2
(1)
(2)わたしの/新しい
(3)新しい/匂い

41 基本テスト 81・82ページ 詩の読みとり

1
(1)ア
(2)に
(3)新しい/匂い

（以下、説明文 読みとり）

（6）例 同様な生態系は畑や地表の豊かな森林も傷つけてしまう。悲惨な結果となってしまう。同時に文化系や生きものの人々をも傷つけてしまう運命であれば、むたしまう。

[ポイント]
1ページから始まる⑥段落に注目し

③ 伐採 ④ 直接（の）
①生態系 ②森林破壊

（4）

（5）⑤段落から⑥段落にかけて、ラッコがウニを食べているようすや、ウニが爆発的に増えているようすが書かれている。

[ポイント]
文章が、どのような組み立てになっているかをとらえよう。

（3）から、木が切られてしまいました。

（2）例 一つ五千○○

★40 完成テスト 79・80ページ 説明文の読みとり(2)

1
（1）①恩恵 ②高度な技術
（6）例 一つの個体として、長い時間をかけて……

2
（1）春
（2）希望・夢 ※順序は……
（3）ア

43 85・86ページ 仕上げテスト(1)

1
（1）移／映
（2）
（3）潮／塩
（4）温／暖
（1）納／収

2
（1）待遇点
（2）
（3）

3
（1）整列
（2）
（3）
（4）

4
（1）非
（2）不
（3）未
（4）無

★44 87・88ページ 仕上げテスト(2)

1
（1）
（2）ア だが、どちらかというと、人とは理解し合えない……
（3）イ
（4）例 言葉のキャッチボールの……
（5）例 お互いのキャッチボールがうまくいくように、相手のことをたずねてみる。
（6）ウ
○相手に……にしたことがわかった。

5
（1）先生の人は、知らない人に道をたずねられた。
（2）選手は、……注意された。
（3）お父さんは、……無理に置かせられた。

6
（1）母は、兄に高い所に荷物を発表させられた。
（2）兄は、
（3）
（4）
（5）
（6）不